ANNIKA LOHSTROH | MICHAEL THIEL

DIE KRAFT DER KLARHEIT

Gedanken, Anregungen und Übungen für 52 Wochen

DIE KLARHEIT DES NORDENS NUTZEN

Gedanken, Anregungen und Übungen für 52 Wochen

Unberührte Natur, einsame Landschaften, malerische Seen und Fjorde, majestätische Gletscher, dichte Wälder – all das verbinden wir mit Europas hohem Norden. Wenn wir in die Länder nah des Polarkreises reisen, suchen wir weder heitere Zerstreuung noch pulsierendes Leben, wie es sich beispielsweise in den mediterranen Ländern zeigt. Stattdessen geht es uns vor allem darum, äußere wie innere Ruhe zu finden.

Die Klarheit des Nordens

Dieser Tischaufsteller möchte Sie anregen, die Erfahrungen von Besinnung und Klarheit im Geist, zu der uns die nordische Natur inspirieren kann, zu Hause nachzuvollziehen und für Ihre persönliche Entwicklung zu nutzen: 52 ausgesuchte Sehnsuchtsfotos aus dem Norden laden Sie ein, sich jede Woche für ein paar Minuten im schnelllebigen Alltag auf das Wesentliche zu besinnen. Die Übungen, Gedanken und Weisheiten regen zum Entspannen, Krafttanken und »In-sich-Versenken« ein und können wie ein mentaler Kurzurlaub wirken.

Die Suche nach Entschleunigung

Stellen Sie sich vor, wie klein und unbedeutend Sie sich angesichts der hohen nordischen Berge und des weiten Meeres vorkämen. Oder nehmen wir das Phänomen des Polarlichts – eine wissenschaftlich leicht erklärbare Erscheinung in den kalten Winternächten, deren Leuchten dennoch faszinierend und wie magisch wirkt. Alltagsprobleme relativieren sich angesichts dieser überwältigenden Naturerscheinungen ganz schnell: Die Felsen, das Meer, das Licht haben lange vor uns existiert und werden auch lange nach uns noch existieren. Viele Menschen sehnen sich in ihrem Leben nach solcher Beständigkeit, aber auch nach mehr Ruhe und genug Zeit für Besinnung. Doch die täglichen Anforderungen werden immer höher. Kein Wunder, dass die Phänomene »Stress« und »Burnout« in aller Munde sind. Denn unsere Sinnesorgane sind von der Natur als »Alarmorgane« eingerichtet worden, die uns vor Gefahren schützen sollen, indem sie uns rechtzeitig auf potenziell gefährliche Umweltreize hinweisen. Dieser evolutionär überlebenswichtige Vorgang ist heutzutage jedoch völlig überreizt: Unsere Sinne übermitteln dem Gehirn vor lauter Informationsflut und Multitasking einen Daueralarm, der wiederum Körper und Psyche in Dauerstress versetzt.

Achtsam leben lernen

Die Bilder und Texte sollen Ihnen helfen, die Psyche zu entlasten und im wahrsten Sinne des Wortes Geist und Seele wieder »einzunorden«. Sie sind in drei Kategorien unterteilt:

- **Übungen und Anregungen zur Entspannung,** um das Nervensystem zu beruhigen.
- **Übungen und Anstöße zum Empowerment,** um mentale Kraft zu schöpfen.
- **Übungen und Ideen zum Fokussieren,** um Blick und Gedanken zu bündeln.

Durch die Konzentrationsübungen werden Sie zunehmend in der Lage sein, Schönheit im Detail zu erkennen, Gedanken zur Achtsamkeit sorgen für Sensibilisierung. Übungen zum Auftanken geben Kraft und Aufgaben im Bereich Entspannung bringen Entschleunigung.
So geraten Sie in eine optimale Mischung aus Wohlfühlen und Achtsamkeit. Geist und Körper kommen in einen Zustand, der nachweislich gesundheitsfördernd ist und Kreativität und Problemlösungsfähigkeit stärkt. Im täglichen Leben kann diese Achtsamkeit zu einem glücklicheren und sorgfältigeren Umgang mit sich selbst, aber auch mit Ihrem Umfeld führen. Nehmen Sie einfach zwischendurch mithilfe des Aufstellers ein paar Minuten »Urlaub vom Ich«, um sich danach energievoller Ihren Angelegenheiten zu widmen.

ENTSPANNUNG FÜR ZWISCHENDURCH

Nicht nur unser Umfeld setzt uns unter Druck, wir schaffen das auch ganz gut allein, weil wir so weit wie möglich unser Bestes geben wollen. Das gilt im Job genauso wie in der Beziehung oder generell im Alltag. Und so laufen wir täglich auf Hochtouren: konzentriert, schnell, effektiv.
Ihr Körper und Ihre Psyche können auf Dauer jedoch nur dann Hochleistungen vollbringen, wenn Sie sich zwischendurch erholen können.

Entspannt gesund bleiben

Bauen Sie regelmäßig kleine Erholungsphasen in Ihren Alltag ein: Eine Entspannungsübung zwischendurch ist deshalb so wichtig, damit Sie chronischem Stress vorbeugen, kraftvoll bleiben und die Leistungsfähigkeit Ihres Immunsystems erhalten können. Unsere Abwehrkräfte brauchen den Wechsel zwischen Anspannung und Entspannung, um fit zu bleiben und Krankheiten erfolgreich bekämpfen zu können.

Gelassen Lösungen finden

Wenn Sie entspannt sind, fühlen Sie sich generell gelassener und belastbarer. Falls ein Problem auftaucht, wirft es Sie nicht so schnell aus der Bahn: Sie können ohne Denkblockaden und hektischen Aktionismus überlegen, welche Lösungen sich anbieten. Im ausgeglichenen Zustand sind Sie viel besser in der Lage, kreative Gedanken zu fassen.

So entspannen Sie richtig

Setzen Sie sich bei den Entspannungsübungen nicht unter Druck, endlich ruhiger zu werden – Sie bewirken damit genau das Gegenteil. Denn auf diese Weise gerät Ihr Organismus noch mehr unter Druck und die Anspannung steigt, statt sich zu legen.
Seien Sie einfach neugierig und probieren Sie die verschiedenen Vorschläge in diesem Tischaufsteller aus. Erwarten Sie vor allem keine Wunder, denn Sie werden nur dann eine optimale

Wirkung verspüren, wenn Sie die Übungen eine Zeit lang möglichst regelmäßig durchführen. Am besten bauen Sie sie wie das Zähneputzen in Ihren Alltag mit ein. Sie fragen sich schließlich auch nicht mehr jeden Tag, ob Sie die Zähne heute putzen sollten oder lieber doch nicht – Sie tun es ganz einfach. Ideal wäre es, wenn Sie immer zu einer bestimmten Tageszeit üben könnten, in der Sie auch wirklich etwas Ruhe haben.
Wenn Sie nach der Entspannung wieder fit sein wollen, vergessen Sie nicht, diese wieder zurückzunehmen: Spannen Sie sämtliche Muskeln im Körper kurz an, atmen Sie tief durch, machen Sie die Augen auf und rekeln Sie sich.

Üben, wenn es Ihnen gut geht

Machen Sie Ihre Übungen am Anfang besonders dann, wenn es Ihnen gut geht und Sie sich rundum wohlfühlen. Dann greift die Gelöstheit besser und Körper und Psyche haben es leichter, den Entspannungseffekt zu erlernen und zu verankern. Wenn Sie gleich zu Beginn auch dann üben, wenn Sie auf »180« sind, wird es schwieriger, eine tiefe, wohlige Form der Ruhe zu erreichen. Doch mit der Zeit wird Ihnen auch das gelingen.

Üben, wo es Ihnen gefällt

Üben Sie im Sitzen, Liegen oder Stehen, in der Bahn oder auf der Bank im Park. Wann immer Ihnen danach ist, versuchen Sie sich an einer Entspannungsübung. Sie sollten später ja auch in der Lage sein, in plötzlich auftauchenden belastenden Situationen Ihren Stresspegel herunterzufahren. Eine Ausnahme: Beim Autofahren sollten Sie natürlich nicht üben!

Die Übungen in diesem Aufsteller zeigen Ihnen Wege, zwischendurch für Ruheoasen zu sorgen. Sie können aber noch ein bisschen mehr tun, indem Sie einfach einmal nichts tun! Genießen Sie solche Momente, in denen Sie sich und Ihre Gedanken ganz bewusst treiben lassen – ohne jede Effektivität oder ein Ziel, auch wenn dies in der heutigen Zeit eher ungewöhnlich ist. Danach können Sie wieder mit neuen Kräften energievoll durchstarten.

EMPOWERMENT – KRAFT FÜR DEN ALLTAG

Das tägliche Leben fordert oft viel Energie. Doch woher bekommen Sie die? Wo tanken Sie auf? Und welchen Energieräubern können Sie auf die Schliche kommen?
Manchmal macht es so richtig Spaß, mit vollem Einsatz unserer Arbeit nachzugehen oder viel Ehrgeiz in unser Hobby zu legen, und dennoch kostet uns das Kraft. Auch eine liebevolle Beziehung zu führen oder Freundschaften zu pflegen ist bei allem Positiven, das wir zurückbekommen, ganz schön anstrengend. Mithilfe der Übungen und Anregungen aus dem Bereich Empowerment werden Sie in der Lage sein, Ihren Energiehaushalt immer wieder bestmöglich auszugleichen.

Der Weg zur Selbstkompetenz

Der Begriff Empowerment kommt ursprünglich aus der Soziologie und bezeichnet die Fähigkeit, selbstbestimmt und möglichst unabhängig sein Leben in die eigenen Hände zu nehmen. Genau das brauchen Sie: Möglichkeiten, Energie und Kraft zu tanken, damit Sie sich nicht länger fremdgesteuert und getrieben fühlen, sondern das erfüllte Leben führen können, das Sie sich eigentlich wünschen.

Kraft aus der Natur

Sie werden angeleitet, sich zum Beispiel auf einem Bild in den Anblick eines uralten Felsens zu vertiefen und sich dabei vorzustellen, wie viel Kraft von diesem Gestein ausgeht. Wenn Sie sich in der Natur umsehen, erkennen Sie, dass wir von zahlreichen Naturwundern umgeben sind, die so viel älter sind als wir Menschen. Diese Erkenntnis kann unsere Sorgen relativieren und plötzlich können wir uns wieder vorstellen, unsere Probleme zu bewältigen. Dadurch werden wir fähig, sie tatsächlich aktiv und energievoll anzugehen. Suchen Sie sich in Ihrer Umgebung einen Platz, der Ihnen Kraft vermittelt. Das kann ein alter

Baum im Wald oder im Park sein, ein See oder ein Bach. Im Zweifel können Sie sich auch zu Hause einen solchen Ort einrichten. Vielleicht legen Sie sich einen besonders schönen Stein, den Sie an einem kraftvollen Ort gefunden haben, auf den Schreibtisch? Versenken Sie sich zwischendurch in seinen Anblick und tanken Sie auf.

Bewegung ist Energie

Ein flotter Spaziergang, ein Tennismatch in der Mittagspause, ein Schwimmbadbesuch vor der Arbeit, ein bisschen Walking nach Feierabend: Sie werden sehen – wenn es Ihnen gelingt, sich dazu aufzuraffen, sich zu bewegen, geht es Ihnen hinterher gut. Schon 20 bis 30 Minuten täglich genügen. Sie starten den Tag voller Power oder beenden ihn ohne Sorgen, da Sie Ihren Kopf wieder freibekommen.

Bleiben Sie neugierig

Nehmen Sie sich kleine Kinder als Vorbild: wie viel Energie sie haben, wenn sie ein neues Spielzeug entdecken oder eine neue Umgebung erkunden. Bewahren Sie sich Ihre Neugier: Schaffen Sie immer mal wieder kleine Veränderungen in Ihrer Umgebung, wagen Sie sich in Filme oder Vorträge, die Sie normalerweise nie besuchen würden, probieren Sie einfach neugierig Neues aus. So regen Sie Ihr Gehirn an, sich weiterzuentwickeln. Und diese Weiterentwicklung macht Lust auf mehr, Sie beginnen sich zu öffnen und sprühen für alle sichtbar vor mehr Energie.

Sie werden in den Übungen und Anregungen auch immer wieder Gedanken zum Thema Selbstvertrauen finden. In Ihnen steckt so viel mehr als Sie glauben – es gilt nur, diese inneren Kräfte zu entdecken. Dabei können Ihnen auch stabile Beziehungen helfen, die Ihre Kraftquelle und nicht Ihr Energieräuber darstellen. Beziehen Sie daher Ihr Umfeld möglichst in Ihre Übungen und Gedanken mit ein. Zeigen Sie offen, womit Sie sich gerade mithilfe des Aufstellers beschäftigen. Das Tolle ist: Wenn Sie sich verändern, verändert sich zwangsläufig auch Ihr Umfeld. Sie bringen den Stein ins Rollen.

FOKUSSIEREN: DEN GEIST AUSRICHTEN

Während Sie diese Zeilen lesen, hören Sie vielleicht Musik im Hintergrund oder es läuft der Fernseher. Möglicherweise klingelt das Handy oder Ihr Partner möchte etwas von Ihnen – all das lenkt ab. Lesen Sie wirklich konzentriert? Oder denken Sie kurz mal zwischendurch, was Sie gleich noch erledigen müssen, was Sie vorhin geärgert hat, was morgen so alles anliegt?

Konzentriert im Hier und Jetzt

Meist sind wir mit unseren Gedanken ein wenig woanders. Wir machen Pläne für die Zukunft oder hängen der Vergangenheit nach und sind selten vollkommen in der Gegenwart präsent. Vielleicht müssen Sie also gerade ein paar Zeilen noch einmal lesen?

Wenn Sie in einer Stadt leben, ist die Chance, durch zahlreiche äußere Reize abgelenkt zu werden, besonders groß. Konzentriert bei dem zu bleiben, was Sie gerade im Augenblick tun, gestaltet sich schwieriger. Ihre Gedanken und Ihre Sinne so zu bündeln, dass Sie wirklich konzentriert im Hier und Jetzt bleiben, sich nicht ablenken lassen und nicht abschweifen, ist der Sinn der Übungen zur Fokussierung und Achtsamkeit.

Die Sinne »einnorden«

Im Norden kann man an sich selbst ein Phänomen beobachten: Man schaut auf das Meer – und sieht nur Wasser. Man schaut auf die Felsen – und sieht nur Steine. Dann, ganz allmählich, verfeinert sich die Wahrnehmung: Das eben war gar keine Welle, sondern die Rückenflosse eines Schweinswals. Der Stein dort hinten entpuppt sich als Seeadler. Und der Felsen, der ein paar Meter weiter vom Wasser umspült wird, ist in Wirklichkeit der Kopf einer Robbe.

Die Sinne »norden« sich wahrhaftig ein. Sie werden geradezu entgiftet, werden geklärt. Je mehr Sie mit Achtsamkeitsübungen und gezieltem Fokussieren zu solch einer inneren Klarheit und Ruhe gelangen, umso deutlicher können Sie Ihre Umgebung wahrnehmen. Ihr Nervensystem wird angenehm entlastet, Sie konzentrieren sich zunehmend auf das Wesentliche.

Eins nach dem anderen

Bestimmt sind auch Sie in der Lage, vieles parallel zu tun: Auto fahren und dabei Musik hören, ein Telefonat führen und dabei die eingegangenen E-Mails überprüfen. Dieses tägliche Multitasking hat leider zur Folge, dass wir zwar alles irgendwie wahrnehmen, aber nichts davon so intensiv, dass wir uns gut daran erinnern könnten. Die Folge: Die Ergebnisse unserer Tätigkeiten sind oft voller kleiner Flüchtigkeitsfehler, wir vergessen viel und fühlen uns oftmals gehetzt.

Mithilfe der Übungen und Gedanken zum Fokussieren lernen Sie wieder, eine Sache nach der anderen in Angriff zu nehmen und sich auf jede voll und ganz zu konzentrieren. Nach einer gewissen Zeit werden Sie merken, dass Sie sich innerlich weniger getrieben fühlen, die Resultate Ihres Tuns viel besser werden und Sie letztlich mit sich selbst zufriedener sind.

Nehmen Sie sich selbst bewusst wahr

Bestimmt kennen Sie das auch: Wenn Sie jemanden fragen, wie es ihm geht, hören Sie oft »Gut!«. Abgesehen davon, dass viele diese Floskel schon verinnerlicht haben, wären die wenigsten in der Lage, ihre wahren Gefühle zu reflektieren und genau auszudrücken, wie es ihnen gerade geht. Denn viele Tätigkeiten werden im Modus »Autopilot« erledigt: kochen, einkaufen, Auto fahren … Und so wenig Aufmerksamkeit wir den Routinetätigkeiten widmen, so wenig achten wir oft auch darauf, wie es uns wirklich geht.

Mithilfe der Übungen und Anregungen zur Fokussierung werden Sie lernen, alles, was Sie sehen, fühlen und tun, ganz bewusst zu registrieren und auszuüben. Sie schalten zunehmend vom »Autopiloten« auf »Selbstfahrer« um. Das gibt Ihnen das Gefühl von Kontrolle über Ihr Leben, das Sie letztlich glücklicher werden lässt.

01 EINFACH ZUR RUHE KOMMEN

Atmen im Rhythmus der Welle

Familie, Haushalt, Handy- und E-Mail-Alarm – es gibt vieles, das an unseren Nerven zerren kann … Um abschalten zu können, ist diese kleine Atemmeditation genau richtig. Der Körper wird dabei in einen Ruhezustand gebracht, äußere Einflüsse und Gedankenchaos treten zurück. Machen Sie die Übung möglichst dreimal täglich rund fünf Minuten lang.

So, wie die Meereswellen hin und her fließen, fließt auch der Atem ganz natürlich. Indem wir uns nur auf ihn konzentrieren, stoppen wir die kreisenden Gedanken im Kopf und beruhigen uns. **Setzen Sie sich auf Ihren Lieblingsplatz,** möglichst bequem, aber in aufrechter Haltung. Lassen Sie Arme und Beine ganz locker. Schließen Sie die Augen. Atmen Sie ruhig und gleichmäßig. **Spüren Sie den Atem,** wie er mühelos mal tiefer, mal flacher Ihren Körper durchflutet. Konzentrieren Sie sich jetzt nur auf das Atmen und versuchen Sie, Geräusche zu ignorieren. **Zählen Sie die Atemzüge:** Atmen Sie bei eins ein, bei zwei aus, bei drei wieder ein und so weiter. Zählen Sie in Ihrem eigenen Rhythmus bis zehn. **Denken Sie nur an die Atmung** und an das Zählen. Kommen andere Gedanken auf, schieben Sie sie sanft zur Seite. Wenn Sie bei zehn angelangt sind, atmen Sie einmal ganz tief ein und langsam aus. Dann beginnen Sie wieder bei eins.

Eine kleine Übung mit großer Wirkung! Durch die Konzentration auf das Atmen beschäftigen wir uns unbewusst mit etwas Wesentlichem: dem Leben. So besinnen wir uns und kommen zur Ruhe.

01

»Gott schuf zwar die Zeit,
aber von Eile hat er nichts gesagt.« NORDISCHE WEISHEIT

02 DER FELS IN DER BRANDUNG SEIN

Erden Sie sich

Manchmal scheint uns alles über den Kopf zu wachsen: Arbeit, Partnerschaft, Kinder ... Wenn wir allem gerecht werden möchten, kann uns das schon mal den Schlaf rauben. In belastenden Situationen tut es gut, seine Probleme zu relativieren, um sie dann mit neuen Ideen kraftvoll angehen zu können.

Suchen Sie sich einen ruhigen Platz und betrachten Sie intensiv einen der Steine, die Sie auf dem Bild auf der Vorderseite sehen: Nehmen Sie seine Form, die verschiedenen Farbschattierungen wahr, seine Spiegelung im Wasser. Spüren Sie die Ruhe und die Energie, die von diesem Bild ausgehen.
Schließen Sie die Augen und stellen Sie sich Felsen, Wasser und Wind vor – ganz so, wie es Ihnen gefällt. Sehen Sie sich im Geiste in der Landschaft um, bis Sie spürbar ruhiger werden. Nehmen Sie das Bild in sich auf, als hätten Sie einen »inneren Fotoapparat«.
Zum Schluss machen Sie einen langen, tiefen Atemzug und ballen dabei die Hände zu Fäusten – dann atmen Sie aus, entspannen die Hände und rekeln sich wie nach einem erquickenden Schlaf.
Wiederholen Sie die Übung in dieser Woche am besten täglich, wann immer Ihnen danach ist, und genießen Sie ihre kraftspendende Wirkung.

Die Felsen und Berge des Nordens gehören zu den ältesten Gesteinen der Erde – sie sind zum Teil älter als drei Milliarden Jahre. Sie haben vor uns existiert und werden noch lange nach uns da sein. Spüren Sie die Kraft, die von diesen Urgesteinen ausgeht, und tanken Sie deren Energie.

02

»Das Leben ist ein kurzer Augenblick zwischen zwei Ewigkeiten.« NORWEGISCHE WEISHEIT

(03) DEN BLICKWINKEL VERÄNDERN

Sehen wie ein Adler

Manchmal lässt uns ein bestimmtes Problem nicht mehr los, alle Gedanken drehen sich nur noch im Kreis drum herum. Dabei sehen wir oft den »Wald vor lauter Bäumen« nicht mehr. Und je verzweifelter wir nach einer Lösung suchen, umso gestresster fühlen wir uns.

Nehmen Sie doch einmal die »Adlerperspektive« ein und verschaffen Sie sich einen anderen Blickwinkel. So wie der Adler aus den Wolken heraus den Fisch entdeckt und ihn erbeutet, können Sie auf diese Weise zielgerichtet das Problem lösen. **Schließen Sie die Augen** und stellen Sie sich vor, Sie stünden an einem See in den Bergen oder irgendwo am Meer. Nun stellen Sie sich vor, Sie könnten fliegen. Kreisen Sie über »Ihrer« Landschaft, bis Sie die Kraft spüren, die davon ausgeht. **Jetzt denken Sie an Ihr Problem,** es ist ebenfalls dort unten. Sehen Sie es sich ganz entspannt aus Ihrer Vogelperspektive an. Können Sie spüren, wie wohl Ihnen dieser Abstand schon tut? **Während Sie das Problem** von oben betrachten, fragen Sie sich: Was haben Sie für Möglichkeiten, um etwas zu verändern? Was müssten Sie noch lernen, bei wem könnten Sie sich Hilfe besorgen? Stellen Sie sich die bestmögliche Lösung vor – von hier oben aus gesehen gibt es keinen Grund, warum die Lösung nicht Realität werden sollte.

Je öfter Sie diese Übung machen, umso leichter schaffen Sie es, die vermeintlichen Hürden zu überwinden. Jede schwierige Situation will uns etwas lehren. Überlegen Sie immer, welche Chancen für Sie in einem Problem liegen können.

03

»Steige auf einen Berg
und alle Sorgen fallen von dir ab.« NORDNORWEGISCHE WEISHEIT

04 VERTRAUEN SIE SICH SELBST!

Mit Entscheidungen leben

Manchmal stehen wir im Leben an einer Weggabelung und fragen uns, wohin wir uns wenden sollen. Welcher Weg ist der richtige? Da uns die Konsequenzen unserer Entscheidung meist völlig unkalkulierbar erscheinen, sind wir dementsprechend unsicher und zögerlich.

Die Zeit, bevor wir eine Entscheidung fällen und alles Für und Wider abwägen, raubt viel Energie und ist sehr quälend. Und je länger wir überlegen, umso größer wird die Unsicherheit.
Legen Sie also als Erstes einen festen Zeitpunkt fest, an dem Sie sich entschieden haben wollen. Dann ziehen Sie sich mit Stift und Papier oder Ihrem Laptop zurück, atmen einmal tief durch und denken intensiv an die Entscheidungssituation. Beantworten Sie schriftlich diese Fragen:
Welche Entscheidung habe ich zu treffen?
Welche Wahlmöglichkeiten habe ich?
Welche Vor- und Nachteile haben meine Alternativen?
Machen Sie eine Pro-und-contra-Liste. Welche Seite überwiegt?
Und nun kommt das Wichtigste: Was sagt Ihnen Ihr Bauch? In den meisten Fällen haben wir uns nämlich schon längst entschieden, trauen uns aber nicht, dieser Entscheidung auch zu folgen: Denn das hieße, die volle Verantwortung für unser Tun zu übernehmen.

Doch genau das können Sie! Die Erfahrungen auf Ihrem Weg haben Sie bis zu diesem Punkt geführt. Deshalb wissen Sie unbewusst auch, wie es weitergeht. Vertrauen Sie Ihrem Instinkt!

04

»Zu gedeihen begann ich und zu denken,
wuchs und fühlte mich wohl.« ODINS RUNENLIED, isländische Lieder-Edda

05 BEWUSSTER LEBEN

Alles zu seiner Zeit

Gehören Sie zu den Menschen, die immer mindestens zwei Sachen gleichzeitig erledigen? Während Sie telefonieren, noch schnell die E-Mails am Computer checken oder nebenher den Einkaufszettel für nachher schreiben? Dann sollten Sie schleunigst entschleunigen.

Untersuchungen haben gezeigt, dass Arbeit, die unter Multitasking-Bedingungen erfolgt, wesentlich schlechter ausgeführt wird, als wenn wir sie nach dem Motto »Eins nach dem anderen« erledigen. Schreiben Sie daher in dieser Woche jeden Tag auf, was heute zu tun ist. Seien Sie dabei großzügig in der Zeiteinteilung und lassen Sie zwischen den Terminen genügend Raum. **Konzentrieren Sie sich** ganz bewusst, wenn Sie eine neue Tätigkeit beginnen oder beenden. Wenn Ihre Gedanken schon zur nächsten Aufgabe abschweifen sollten, holen Sie sie sanft zurück! **Machen Sie kurze Pausen** zwischen den einzelnen Beschäftigungen. Sie können zum Beispiel eine kleine Atemmeditation für fünf Minuten einbauen (siehe erste Woche) – und dann geht's mit Energie und Konzentration weiter. Oder Sie belohnen sich zwischendurch mit einer Tasse Tee, mit einer Kleinigkeit zu essen oder mit Musik. Hierfür sind die Pausen im Terminkalender gedacht. Setzen Sie auch für diese Auszeiten eine bestimmte Zeit fest – damit Sie später bei Ihren Aufgaben nicht unter Druck geraten.

Checken Sie Ihre privaten E-Mails nur zweimal am Tag – einmal morgens, einmal abends. So bleiben Sie nicht am Computer »hängen«.

05

»Der Sommer kommt und der Winter kommt.
Wozu ist dann die Eile gut?« NORWEGISCHE WEISHEIT

(06) STREITEN OHNE VERLIERER

Konflikte positiv beenden

Vielleicht sehen Sie schon dunkle Streitwolken aufziehen und ahnen, dass es in Ihrer Beziehung mal wieder krachen wird. Streit ist in einer Partnerschaft völlig normal. Nur sollten Auseinandersetzungen konstruktiv beendet werden, damit sie nicht zu viel Kraft kosten und die Spannung sich wieder löst. Aber wie geht das?

Kritisieren Sie Ihren Partner nie als Person – nur sein Verhalten stört Sie, das er aber ändern kann. Verabreden Sie sich mit ihm für eine ungestörte halbe Stunde, in der jeder eine feste Redezeit bekommt, in der er den anderen nicht unterbrechen darf. Jetzt gehen Sie wie folgt vor:

1. Sagen Sie Ihrem Partner, welches Verhalten Sie so gestört hat, dass es zum Streit kam. Bleiben Sie dabei sachlich und vermeiden Sie Sätze wie »Immer machst du …«, »Nie kannst du …«. Bleiben Sie beim aktuellen Thema und graben Sie nicht noch Ärgernisse aus, à la: »Damals hast du …«.

2. Beschreiben Sie in »Ich-Botschaften«, wie es Ihnen geht. Nicht: »Ich bin sauer, weil du wieder nicht …«, sondern »Ich bin sauer, weil ich … brauche«.

3. Sprechen Sie aus, was Sie von Ihrem Partner erwarten. Wichtig: Keine Vorwürfe machen, sondern eine reine Zukunftsbeschreibung geben! Danach ist Ihr Partner dran, Ihr Verhalten zu beschreiben, das ihn stört.

Fragen Sie sich bei der Diskussion immer wieder: Will ich einfach recht haben oder eine Beziehung führen? Durch das konstruktive Streiten entspannt sich die Situation viel schneller.

06

»Wenn die Ehe ganz ohne Streit geht,
ist der Mann taub und die Frau blind.« FINNISCHES SPRICHWORT

07 URLAUB VOM ALLTAG

Sich kurz mal leise ausklinken

Stellen Sie sich vor, Sie wandern an einem stillen schwedischen See entlang: Sie hören vielleicht noch den Wind, eventuell einen Vogel – und Ihren eigenen Atem. Zeit spielt keine Rolle mehr, sie scheint stehen zu bleiben. In Momenten der Stille kommt das Nervensystem zur Ruhe. Sie brauchen aber nicht nach Schweden zu fahren, um diese Ruhe einkehren zu lassen.

Machen Sie, wann immer es Ihnen zu hektisch wird, zwischendurch eine kleine Gedankenreise:
Setzen oder legen Sie sich bequem hin, schließen Sie die Augen. Atmen Sie tief und gleichmäßig.
Gehen Sie in Gedanken zurück zu einem schönen Erlebnis in der Natur, vielleicht zu einer Wanderung im Wald, an unserem schwedischen See entlang oder zu einem Spaziergang am Strand.
Spüren Sie die Sonne auf der Haut, »sehen« Sie sich in Gedanken um: Nehmen Sie die Farben auf, riechen Sie die würzige Luft.
Atmen Sie nun tief in den Bauch ein, sodass er sich ein wenig wölbt. Halten Sie ungefähr fünf Sekunden die Luft an. Dann atmen Sie langsam aus. Wiederholen Sie diese tiefe Bauchatmung, die Sie zur Ruhe bringt, zehnmal im eigenen Rhythmus.
Bleiben Sie noch einen kleinen Moment an Ihrem Wohlfühlort, dann stehen Sie in Gedanken auf, verabschieden sich und kommen ins Jetzt zurück.

Gönnen Sie sich ab und zu einen imaginären Kurzurlaub. Durch die Visualisierung konzentrieren Sie sich auf etwas Schönes und steuern dem Alltagsstress entgegen. Die Gedankenreise bringt Entspannung und positive Gefühle.

07

»Eine leise Minute
ist eine lange Minute.« SCHWEDISCHES SPRICHWORT

08 GUTE GEFÄHRTEN

Der Wert der wahren Freundschaft

Sich auf einen Menschen absolut verlassen zu können, ihm Geheimnisse anzuvertrauen, ohne dass er sie weitererzählt. Sich sicher sein zu können, dass er in Notzeiten zu einem hält. Wäre das nicht schön? Aber woran erkennen Sie einen solchen Freund? Und wie können Sie für andere ein solcher Freund sein?

Beherzigen Sie 6 Freundschaftsregeln:

1. Ein echter Freund ist authentisch, das heißt: Er sagt ganz offen seine Meinung – auch wenn sie dem anderen manchmal nicht gefällt.

2. Wirkliche Freunde hören zu, ohne dazwischenzureden oder von eigenen Problemen zu erzählen.

3. Ehrliche Freundschaft ist bedingungslos, ein Gefallen wird von einem Freund nie an einen Gegengefallen gekoppelt.

4. Freunde empfangen und geben gegenseitig Ratschläge, ohne dass einer als ständiger Ratgeber oder Helfer missbraucht wird.

5. Freunde können sich in den anderen einfühlen und spüren manchmal wortlos, wie es einem geht.

6. Echte Freunde helfen sich gegenseitig, ohne lange nachzufragen, akzeptieren aber auch jederzeit ein Nein, wenn einer keine Zeit hat oder ihm die Sache nicht gefällt.

Freunde sind Kraftquellen! Überlegen Sie, auf wen Sie sich verlassen können. Konzentrieren Sie sich lieber auf weniger Menschen, denn Freundschaften entwickeln sich und müssen gepflegt werden. Rufen Sie also am besten gleich einen wertvollen Freund an und verabreden Sie sich.

08

»Der ist kein Freund,
der zu Gefallen spricht.« LODDFAFNIRS LIED, isländändische Lieder-Edda

09 TROTZEN SIE DEM STURM!

Schwierigkeiten durch Flexibilität überstehen

Das Leben kann manchmal stürmisch sein: Wenn uns Krisen beuteln, sehnen wir uns meist verzweifelt danach, Halt zu finden. In solchen Momenten kann es helfen, sich mit einem fest verwurzelten Baum zu vergleichen.

Um sich zu erden, stellen oder setzen Sie sich hin. Ihre Füße stehen fest und parallel auf dem Boden. Schließen Sie die Augen, atmen Sie gleichmäßig. Sagen Sie dreimal: »Ich bin ganz ruhig!«
Jetzt stellen Sie sich vor, Sie wären ein großer, gesunder, kräftiger Baum, dessen weitverzweigte Wurzeln bis tief in die Erde reichen. Sie spüren diese Wurzeln durch Ihre Fußsohlen und die Kraft, die Ihnen daraus erwächst.
Nun fühlen Sie die Sonne auf »Ihre« Blätter scheinen. Genießen Sie auch dieses Gefühl.
Jetzt ändert sich das Wetter: Sie hören den Wind pfeifen, Sie spüren den Regen auf Ihre Blätter prasseln. Äste knacken, Sie werden durchgerüttelt, Sie als Baumstamm biegen sich im Sturm.
Nehmen Sie ganz bewusst wahr, wie Ihre Wurzeln Sie sicher und fest im Boden halten. Spüren Sie diese unerschütterliche Standfestigkeit, bevor Sie sich sanft mit drei tiefen Atemzügen zurück in die Gegenwart bringen.

Machen Sie es sich zur Gewohnheit, nicht nur bei Problemen und Sorgen diese Gelassenheitsübung mindestens zweimal am Tag für rund drei Minuten durchzuführen. So können Sie sich den Herausforderungen des Lebens stellen, ohne Ihre Bodenständigkeit zu verlieren.

09

»Wer aus dem Sturm heimkommt,
hat Erfahrung.« ISLÄNDISCHES SPRICHWORT

10 GLÜCK IST MACHBAR

Wege zu tiefer Zufriedenheit

Kinder können vollkommen im Spiel aufgehen und sind in diesen Momenten rundum glücklich. Lernen Sie von ihnen und helfen Sie Fortuna ein wenig nach, indem Sie sich an die folgenden fünf Eckpfeiler des Glücks halten!

1. Planen Sie feste Zeiten für Ihre Hobbys ein: Genießen Sie es, sich nur mit Dingen zu beschäftigen, die Ihnen guttun und Spaß machen.
2. Bleiben Sie neugierig und trauen Sie sich, neue Dinge auszuprobieren. Wenn Sie dabei positive Erfahrungen machen, werden Sie selbstbewusster und glücklicher, was eine Art »Glücksspirale« in Gang setzt. Haben Sie mal keinen Erfolg, können Sie stolz darauf sein, es versucht zu haben.
3. Seien Sie gesellig! Pflegen Sie Ihre Freundschaften, denn Studien haben ergeben, dass Menschen mit vielen Freunden und Bekannten glücklicher sind. Und: Sie können sich in Notzeiten auf ein festes soziales Netzwerk verlassen.
4. Nehmen Sie die kleinen Glücksmomente wahr, die überall in Ihrem Alltag stecken (siehe auch 14. Woche), und richten Sie Ihre Gedanken nicht nur auf das »eine große Glück« aus.
5. Erkennen Sie Ihre Talente und Möglichkeiten und versuchen Sie, etwas daraus zu machen: Suchen Sie sich gleich heute eine Sache aus, die Sie schon lange ausprobieren wollen, und machen Sie in irgendeiner Form den ersten Schritt.

Je offener Sie für Neues sind, je unvoreingenommener Sie an die Dinge herangehen, umso mehr öffnen Sie sich für das Leben und umso glücklicher werden Sie sein.

»Das Glück kommt nicht beim Warten.«

SAMISCHE WEISHEIT

11 ALLES MIT GELASSENHEIT TUN

Den Alltag entschleunigen

Muße oder Müßiggang galt lang als aller Laster Anfang. Heute müssen wir erst wieder lernen, solche Erholungszeiten, die nur uns gehören, in den Alltag einzubauen. Muße bedeutet, etwas in aller Ruhe zu genießen, sich nicht ablenken zu lassen. Wann immer Sie sich angespannt fühlen, gönnen Sie sich so eine Auszeit!

Bauen Sie Ruhephasen in Ihren Alltag ein, in denen Sie bewusst iPod und Smartphone ausgeschaltet lassen. Hören Sie Musik oder lesen Sie ein gutes Buch. Sie brauchen Erholungsoasen, um Energie und Leistungsfähigkeit zu regenerieren.
Hängen Sie ab, ohne ein schlechtes Gewissen zu haben! Einfach mal die Füße hochzulegen und ganz bewusst nichts zu tun – das fällt zu Anfang nicht leicht, ist aber für die Stressreduktion Gold wert! Wenn Sie gar nicht zur Ruhe kommen, eignet sich als Einstieg vielleicht eine Atemmeditation (siehe erste Woche).
Einfache Meditationsübungen wie das bewusste Zählen von Atemzügen (siehe erste Woche) oder Visualisieren (siehe siebte Woche) beruhigen und sammeln die Gedanken. Genießen Sie ein wenig Spiritualität in unserer technisierten Welt!
Nehmen Sie sich genügend Raum für ein Hobby, bei dem Sie sich allein und ungestört vom Job und der Familie erholen können. So eine Auszeit braucht jedes Familienmitglied regelmäßig!

Haben Sie kein schlechtes Gewissen beim nächsten »Chillen«. Diese Quality time ist wichtig, denn Sie werden dadurch rundum gelassener, haben bessere Ideen und bleiben gesund!

»Wer Unrast sät, wird Eile ernten.«

SAMISCHES SPRICHWORT

12 SO NORDEN SIE IHRE SINNE EIN

Die Wahrnehmung schärfen

Immer größer, immer weiter, immer schneller – unsere schnelllebige Zeit verlangt von unseren Sinnesorganen Höchstleistungen. Da ist es gut, unser Nervensystem zu entlasten, indem wir uns zwischendurch vollkommen auf eine Sache konzentrieren. Am besten fangen Sie jetzt gleich ganz im Kleinen damit an.

Alltagsgegenstände neu entdecken: Egal, wo Sie gerade sitzen: Schauen Sie sich um und nehmen Sie einen kleinen Gegenstand in Ihrer Nähe in die Hand. Das kann ein Radiergummi sein, ein Gummibärchen oder die Maus Ihres Computers. Betrachten Sie den Gegenstand ganz genau: Welche Farbe, Struktur und Form hat er?
Sich in einem Gegenstand verlieren: Schließen Sie die Augen und blenden Sie die Geräusche um sich herum aus. Konzentrieren Sie sich nur auf Ihren ausgewählten Gegenstand. Betasten Sie ihn sorgfältig: Wie fühlt er sich an? Ist er hart oder weich, rau oder glatt, leicht oder schwer?
Versuchen Sie, gut eine Minute nur still dazusitzen und sich auf den Gegenstand in Ihrer Hand zu konzentrieren.
Üben Sie, möglichst viele Feinheiten zu erkennen und immer etwas Neues zu entdecken.

Sich ganz bewusst und intensiv nur einer Sache zu widmen klingt einfach, ist es aber nicht. Doch wenn Sie diese kleine Achtsamkeitsübung regelmäßig zwischendurch machen, kommen Sie mit der Zeit viel schneller zur Ruhe. So werden Sie wieder aufnahmebereit und nehmen die Dinge um Sie herum mit anderen Augen wahr.

12

»Die wirkliche Entdeckungsreise strebt nicht nach neuem Land, sondern danach, Dinge mit neuen Augen zu sehen.«

NORWEGISCHE WEISHEIT

13 SCHLUSS MIT DER VERGANGENHEIT

Lassen Sie los, was Sie belastet

Sie können die Vergangenheit nicht ändern, aber Sie können entspannter mit ihr umgehen, indem Sie ihr weniger Macht über Ihr jetziges Leben geben. Entscheiden Sie sich ganz bewusst, negative Gedanken loszulassen. Das heißt nicht, dass Sie frühere Erlebnisse beschönigen. Aber Sie können sie als Teile Ihrer Historie sehen, die Ihre Zukunft nicht mehr beeinflussen sollen.

Gedankenstopp-Methode: Jedes Mal, wenn Sie die Vergangenheit einholt, sagen Sie laut »Stopp!«. Begegnen Sie den negativen Gedanken mit den Worten: »Das war früher, ich bin jetzt erwachsener und stärker als in der Vergangenheit!«

Sie kontrollieren Ihr Denken und Fühlen: Wenn Sie plötzlich traurig oder wütend werden, weil Sie an etwas aus der Vergangenheit denken, sagen Sie sich: »Jetzt habe ich dafür keine Muße. Heute Abend aber nehme ich mir 15 Minuten lang die Zeit, mich dem Ganzen intensiv zu widmen.« Durch diese »Verabredung« verflüchtigen sich die Gedanken erst einmal, Sie fühlen sich besser – und vergessen ab und zu sogar, abends noch einmal daran zu denken.

Stellen Sie sich vor, Ihr Vorleben wäre ein Geschichtsbuch. Sehen Sie sich die Ereignisse distanziert und objektiv an. Konzentrieren Sie sich nicht darauf, was zu kurz kam oder schieflief, sondern darauf, was Sie daraus gelernt haben.

Machen Sie sich klar, dass die Erfahrungen der Vergangenheit Sie zu dem Menschen gemacht haben, der Sie heute sind. Doch erst die Erfahrungen der Zukunft lassen Sie weiter wachsen.

»Nur wer Ballast abwirft,
hat Elan für die Zukunft.« WEISHEIT DER INUIT

14 DIE GRÖSSE LIEGT IM KLEINEN

Winzige Wunder der Natur

Haben Sie schon einmal ein Farnblatt, eine Pusteblume oder eine Muschel von Nahem betrachtet? Erst bei genauerem Hinschauen entdecken wir die Feinheiten, die Schönheit und die Vollkommenheit in der Natur! Es sind diese kleinen Momente des Staunens, die uns deutlich machen, wie reich unser Leben eigentlich ist.

Wenn Sie vielleicht gerade im Alltag unzufrieden und genervt sind, kann es guttun, sich ganz bewusst für diese Wunder um Sie herum zu öffnen. Das relativiert vieles und lässt uns ein wenig demütiger und vor allem zufriedener werden.
Schauen Sie sich beim nächsten Spazierengehen Pflanzen und Tiere auf Ihrem Weg genau an. Lassen Sie sich von den Details faszinieren und entdecken Sie die Schönheit im Miniaturformat!

Sammeln Sie im nächsten Urlaub ein paar natürliche Souvenirs wie eine Muschel, ein Stück Treibholz oder einen besonderen Stein. Legen Sie die Dinge aber nicht in eine Schublade, sondern nehmen Sie sie immer wieder in die Hand, betrachten Sie sie und erinnern Sie sich dabei an die Sonne, den Wind, den Menschen an Ihrer Seite und das gute Gefühl, das Sie damals empfunden haben. Haben Sie schon ein kleines Lächeln auf den Lippen?
Nehmen Sie sich ein paar Urlaubserinnerungen mit an Ihren Arbeitsplatz. Wann immer Sie sich entlasten wollen, betrachten Sie die Stücke.

Versuchen Sie, in Ihrem Umfeld genauer hinzusehen, Sie trainieren dadurch Ihre Achtsamkeit. Vieles macht so gleich deutlich mehr Freude.

»In den kleinsten Dingen zeigt die Natur die allergrößten Wunder.« CARL VON LINNÉ, schwedischer Naturwissenschaftler

15 WER MEINT ES GUT MIT IHNEN?

Nicht jeder Ratschlag tut gut

Wenn wir uns in einer seelischen Zwickmühle befinden, ist es gut, sich Rat bei Freunden und in der Familie zu holen. Doch auch Ratschläge können Schläge sein, wenn eine nicht gerade selbstlose Überredung dahintersteckt. Auf wessen Ratschläge können Sie bedingungslos vertrauen?

Wichtig ist, dass der andere Ihnen wirklich zuhört, möglichst ohne Sie zu unterbrechen. Vielleicht lauert er nur darauf zu erzählen, wie es ihm in einer ähnlichen Situation erging. Dann können Sie ziemlich sicher sein, dass er nicht fähig oder bereit ist, sich in Ihre Lage zu versetzen.
Vorsicht ist auch angesagt, wenn Ihr Gesprächspartner sofort mit Ratschlägen herausplatzt, ohne dass Sie ihn darum gebeten haben – manchmal wollen wir ja nur unser Herz ausschütten und sortieren dabei automatisch unsere Gedanken. Ein selbstloser und empathischer Mensch fragt erst, ob wir ein Feedback von ihm wünschen.
Gut ist es, wenn sich Ihr Gegenüber bereits von Ihnen Rat geholt hat. Denn dann wissen Sie, dass er sich nicht als unfehlbar ansieht. Er wird auf das Gleichgewicht zwischen Geben und Nehmen achten und auch Ihre Meinung respektieren.
Idealerweise erhalten Sie keine Belehrungen, sondern die Möglichkeit, mit ihm verschiedene Lösungsmöglichkeiten durchzuspielen.

So geben Sie am besten Ratschläge: Denken Sie immer mehr an den anderen als an das, was Sie an dessen Stelle tun würden. Jeder Mensch ist anders und braucht andere Lösungen.

15

»Guter Rat ist wie Schnee: Je leiser er fällt, desto länger bleibt er liegen.« FINNISCHE WEISHEIT

16 NICHT LANGE ZÖGERN

Gegen die Aufschieberitis

Ob es darum geht, die Spülmaschine auszuräumen oder ein unliebsames Telefonat zu führen – es gibt nichts, was man nicht aufschieben könnte. Im Norden lernt man schnell, die Dinge sofort zu tun, denn dort wechselt das Wetter so rasch, dass ein Spaziergang oder ein Picknick, das man bei schönstem Sonnenschein geplant hat, ins Wasser fallen kann.

Tipps gegen Aufschieberitis:

1. Allgemein gilt: Was Sie innerhalb von drei Tagen nicht anpacken, wird irgendwann zum Problemfall. Deshalb: Aufgabe anvisieren, sich entschließen, sie anzugehen, und loslegen.

2. Unterteilen Sie das zu Erledigende in einzelne Schritte. Planen Sie den ersten Schritt getreu dem Motto »Wie starte ich?« anstatt »Wie ist das Ergebnis?«. Denken Sie nicht an die gesamte Aufgabe, sondern nur an den nächsten Schritt. So wird ein Riesenproblem lösbar und jede geschaffte Etappe motiviert mit Erfolgserlebnissen.

3. Finden Sie heraus, wann Sie was am besten am Tag erledigen können: Wer den eigenen Biorhythmus kennt, kann wesentlich effektiver und entspannter an die täglichen Aufgaben herangehen.

4. Lassen Sie sich nicht ablenken! Auch wenn die Zeitschriften noch so spannend sind – heute wollen Sie sie nur wegräumen!

5. Setzen Sie sich für jeden Schritt einen realistischen Zeitrahmen, an den Sie sich auch halten.

Betrachten Sie besonders bei größeren Aufgaben das bisher Geschaffte ab und an objektiv. Was könnten Sie korrigieren?

»Wer alles gleich erledigt,
hat mehr freie Zeit.« FINNISCHE REDENSART

17 LEBEN IST BEWEGUNG

Bleiben Sie aktiv

Die Natur ist ständig in Bewegung – nur wir Menschen sind es immer weniger. Unsere überwiegend sitzende Lebensweise führt oft dazu, dass wir mit unseren Pfunden kämpfen und uns Zipperlein plagen. Das lässt sich mit wenig Aufwand ändern.

Bewegen Sie sich mehr im Alltag, indem Sie eine Busstation früher aussteigen und den Rest des Weges nach Hause laufen. Fahren Sie mit dem Rad zum Einkaufen, wenn Sie nicht zu viel besorgen müssen. Benutzen Sie regelmäßig die Treppe statt den Lift. Und nutzen Sie freie Tage, um mal länger spazieren zu gehen. Das entgiftet die Sinne und bringt Sie auf andere Gedanken.
Isometrische Übungen, bestehend aus An- und Entspannung, können Sie überall machen. Legen Sie die Handflächen vor der Brust aneinander und pressen Sie diese 30 Sekunden fest zusammen. Schütteln Sie danach locker die Arme aus und wiederholen Sie das Ganze noch fünfmal. Genießen Sie das wohlige Kribbeln, das beim Lockerlassen durch die Hände fließt.
Fangen Sie an, einmal die Woche für mindestens 30 Minuten Sport zu machen. Steigern können Sie das Ganze immer noch, jetzt geht es nur darum, den ersten Schritt zu tun. Verabreden Sie sich dafür mit einem Verbündeten – so fällt es leichter.

Halten Sie Ihr Bewegungsprogramm mindestens drei Monate durch. Spätestens dann merken Sie, wie gut es Ihnen tut, und wollen es nicht mehr missen. Denn durch Bewegung bauen Sie Stress ab und steigern die geistige Flexibilität.

»Wer wenig gerudert hat,
hat schwache Hände.« SPRICHWORT AUS LAPPLAND

18 FEINSINNIG LEBEN

Sensibilisieren Sie sich

Im Alltag reagieren wir vor allem auf grelle Reize wie das laute Hupen eines Autos oder die leuchtende Reklame. Denn das Gehirn muss sich vor Reizüberflutung schützen und blendet die weniger alarmierenden Reize aus. Fazit: Wir stumpfen ab. Aber gerade die Beschäftigung mit den Feinheiten im Alltag kann uns helfen, ein achtsameres und lebendigeres Leben zu führen.

Genießen Sie Ihr Essen, wenn Sie allein sind, ohne Musik- oder TV-Berieselung: Decken Sie den Esstisch schön und nehmen Sie bewusst Bissen für Bissen zu sich, ohne sich abzulenken. Sie schmecken mehr und werden schneller satt.
Einfühlsames Unterhalten: Konzentrieren Sie sich voll auf das, was Ihr Gegenüber sagt, und nicht darauf, was Sie ihm vielleicht schon antworten könnten. Fragen Sie nach, ob Sie alles richtig verstanden haben. Lassen Sie ihn ausreden.
Leben ohne Hintergrundgeräusche: Lassen Sie zumindest zeitweise Radio und Fernseher aus, wenn sie ohnehin nur Geräuschkulisse sind und Sie gar nicht hinhören oder -sehen.
Eine Sache zur Zeit: Wenn Sie fernsehen, bügeln Sie nicht gleichzeitig. Hören Sie Radio, dann lesen Sie nicht parallel dazu. Isolieren Sie eine Tätigkeit von der anderen und tun Sie das, was gerade ansteht, ganz bewusst.

Ihre Sinne werden es als angenehm empfinden, wenn Sie sich ohne Ablenkung einer einzigen Tätigkeit widmen. Mit der Zeit werden Sie alles viel sensitiver wahrnehmen und mehr genießen.

18

»Dreh dich nicht pausenlos im Kreis,
sondern lerne, die nahen Dinge zu schätzen.« NORWEGISCHES SPRICHWORT

19 GEDANKEN ZIEHEN WIE WOLKEN

Mit Achtsamkeit zur Entspannung

Eine größere Wohnung, einen besseren Job, einen anderen Partner: Ständig wollen wir unbedingt etwas haben oder lehnen es ab. Mit dieser Haltung setzen wir uns unter Druck und stehen uns selbst im Weg. Hier helfen Achtsamkeitsübungen, die uns die Dinge, wie sie sind, akzeptieren und innerlich zur Ruhe kommen lassen.

Halten Sie immer mal wieder am Tag kurz inne und setzen Sie sich möglichst aufrecht hin. Schließen Sie dann die Augen und atmen Sie ein paar Mal tief ein und aus, um zu sich zu kommen. **Dann nehmen Sie** Ihre Gedanken wahr. Stellen Sie sich vor, dass diese wie Wolken vorbeiziehen. Wenn Gedanken auftreten wie: »Ich hätte echt Besseres zu tun!«, bewerten Sie sie nicht und verfolgen Sie sie auch nicht weiter.

Beobachten Sie Ihre Gedanken nur und lassen Sie es zu, dass auch unangenehme Gedanken und damit verbundene Gefühle auftauchen und vielleicht hartnäckig immer wieder kommen, egal, wie oft Sie sie vom Wind weiterpusten lassen. **Nach rund fünf Minuten** atmen Sie wieder tief ein und aus und strecken sich, bevor Sie sich wieder achtsam Ihrer Arbeit zuwenden.

Zweck der Übung ist es, Ihr Leben so anzunehmen, wie es ist, ohne ständige Bewertung. Gedanken und die dazugehörenden Gefühle entstehen nur durch unsere subjektive Wahrnehmung der Wirklichkeit. Wenn Sie ihnen keine Macht einräumen, bleiben Sie im Jetzt. Und können das »Hätte ich damals bloß …« oder »Wenn ich nur …, dann …« loslassen.

19

»Unsere Sehnsucht nach der Zukunft lässt uns vergessen, im Jetzt zu leben.« SCHWEDISCHE WEISHEIT

20 SEIEN SIE NEUGIERIG!

Wachsen an neuen Erfahrungen

Unser Gehirn kann sich lebenslang weiterentwickeln. Nur benötigt es dazu immer wieder neue Anregungen, Reize und Herausforderungen. Das kann eine Reise bieten, oder aber wir verlassen öfter die gewohnten Pfade im Alltag. Probieren Sie doch gleich heute drei der Vorschläge aus:

Fragen Sie nach – das ist das Wichtigste! Nur wer fragt, erfährt Neues, interessiert sich für seine Umgebung und bekommt Kontakt zu anderen.
Gehen Sie gegen Alltagsroutine an, indem Sie einmal einen anderen Weg zur Arbeit wählen, sich eine andere Tageszeitung als die gewohnte kaufen, abends joggen gehen anstatt fernzusehen, Ihre Frisur anders stylen und so fort.
Genießen Sie zum Frühstück eine andere Tee- oder Kaffeesorte als die übliche.
Schauen Sie bewusst eine andere Nachrichtensendung an und vergleichen Sie sie mit Ihrer gewohnten.
Bestellen Sie im Restaurant etwas, das Sie noch nicht gegessen haben.
Besuchen Sie Schnupperkurse an der Volkshochschule. Ob Bauchtanz oder Powerpoint – buchen Sie irgendetwas, das Sie schon immer mal ausprobieren wollten.

Mit jeder neuen Erfahrung werden sich neue Nervenverbindungen in Ihrem Gehirn bilden, um die ungewohnten Informationen verarbeiten und speichern zu können. Je mehr neue Verbindungen entwickelt werden, umso leichter wird es Ihnen fallen, sich auf fremde Situationen einzustellen und kreative Gedanken zu entwickeln.

»Wer sich nicht zu fragen traut,
schämt sich, etwas dazuzulernen.« DÄNISCHES SPRICHWORT

21 DIE STILLE GENIESSEN

Das Gehör entlasten

Unser Gehirn ist daran gewöhnt, ständig sämtliche Reize um uns herum wahrzunehmen und diese nach wichtig oder unwichtig zu beurteilen. Meistens nehmen wir Hintergrundgeräusche wie von Autos und Flugzeugen gar nicht mehr wahr, doch sie belasten trotzdem unser Nervensystem. Legen Sie deshalb möglichst täglich ganz bewusst ein paar Ruheminuten ein.

Legen Sie sich entweder mit Ohrstöpseln (aus der Apotheke) aufs Sofa oder in die Badewanne, in der Sie sich entspannt zurücklehnen und so weit eintauchen, bis die Ohren unter Wasser sind. In vielen Städten gibt es auch Einrichtungen, die Aquafloating in sogenannten »floating tanks« anbieten, in denen Sie diese Übung machen können. Dabei können Sie außer der beruhigenden Stille ein Gefühl von Schwerelosigkeit genießen (Adressen finden Sie im Internet).

Atmen Sie nun gleichmäßig tief ein und aus. Versuchen Sie, nur noch Ihren Atem zu hören. Zählen Sie zehn Atemzüge.

Legen Sie jetzt die Hände nacheinander auf die Brust, den Magen, den Unterleib und neben den Körper. Spüren Sie den Atem und zählen Sie jedes Mal bis zehn, bevor Sie die Position wechseln.

Öffnen Sie die Augen, setzen Sie sich aufrecht hin und atmen Sie zum Schluss noch einmal tief durch. Falls Sie die Übung im Trockenen gemacht haben, entfernen Sie nun die Ohrstöpsel.

Schalten Sie heute für eine Stunde bewusst jedes elektronische Gerät ab, das Geräusche macht. Genießen Sie die ungestörte Stille.

21

»Die Wahrheit muss oft still liegen.«

ISLÄNDISCHES SPRICHWORT

22 AUS FEHLERN LERNEN

Wie man an Irrtümern wachsen kann

Immer wieder der gleiche Typ Partner, der nicht guttut, immer wieder Vorsätze, die im Sande verlaufen … Oft wiederholen wir unsere Fehler. Teils, weil uns gar nicht bewusst ist, was uns antreibt oder hemmt, teils aus Gewohnheiten. Denn diese geben vermeintlich Sicherheit, die wir nötig haben, wenn wir uns keine Stärke zutrauen. Versuchen Sie ab jetzt, aus jedem Fehler zu lernen, denn Sie brauchen Veränderungen, um Ihre Persönlichkeit entfalten zu können.

Machen Sie als Erstes grundsätzlich eine Fehleranalyse. Egal, was Sie tun oder was Ihnen passiert: Denken Sie darüber nach, warum Sie so gehandelt haben, warum Ihnen etwas widerfahren ist. Versuchen Sie, die Phase der Selbstzweifel kurzzuhalten und dann so objektiv wie möglich zu sein.

Sobald Sie Ihre Verhaltensmuster erkennen können, sollten Sie als Nächstes über deren tiefere Ursachen nachdenken. Welche Glaubenssätze prägen Sie? Sind es Sätze wie »Ich bin zu dumm, dick, ungeschickt …« oder »Das kann ich nicht«? Wo kommen diese her? Sind sie wirklich zutreffend oder haben Sie sie einfach nur übernommen? Versuchen Sie, neue Glaubenssätze dagegenzustellen und sich dadurch ein positiveres Verhaltensrepertoire anzueignen.

Nutzen Sie die Methode der kleinen Schritte: Joggen Sie nicht gleich täglich eine Stunde, wenn Sie jahrelang nicht trainiert haben, sondern fangen Sie mit kurzen, flotten Spaziergängen an.

Machen Sie immer etwas anders als bisher, damit Sie nicht immer dieselben Fehler machen.

22

»Entwicklung – ein Taumel von
einem Irrtum zum anderen.« HENRIK IBSEN, norwegischer Schriftsteller

23 ORDNUNG ENTLASTET

Konzentrieren aufs Wesentliche

Kennen Sie das? Ihr Schreibtisch ist übersät mit Zetteln, im Computer herrscht Durcheinander und in der Küche siegt das Chaos. Diese Unordnung überträgt sich auch auf die Psyche: Wir werden hektisch, unkonzentriert und launisch. Höchste Zeit, außen wie innen aufzuräumen und die Wechselwirkung zu unterbrechen …

Lernen Sie zu sortieren. Angenommen, auf Ihrem Schreibtisch herrscht großes Durcheinander, dann laufen Sie Gefahr, wichtige Dinge zu übersehen. Ordnen Sie die Papiere: 1. Wichtig und sofort erledigen, 2. Hat noch etwas Zeit bis … (Termin setzen!), 3. Kann weg. Fassen Sie jedes Papier nur einmal an und legen Sie es nach kurzem Durchschauen sofort auf einen der drei Stapel. Dann gilt es, diese Stapel zu bearbeiten oder zu entsorgen.

Übertragen Sie dieses Dreiersystem auf alle Bereiche. Wenn Sie sich ab jetzt konsequent aufs Wesentliche konzentrieren, gehen Sie nach rund drei Monaten grundsätzlich so an alles heran.

Bringen Sie Struktur in Ihr Leben. Reservieren Sie sich feste Zeiten für Aufräum- und Bürotätigkeiten. Machen Sie sich wie früher in der Schule einen Stundenplan und versuchen Sie, sich möglichst daran zu halten.

Achten Sie auf einen Tagesrhythmus. Wechseln Sie zwischen Anspannung und Entspannung: Auf eine Stunde konzentrierte Tätigkeit sollte eine zehnminütige Entspannungsphase folgen.

Sie werden merken, wie diese äußere Struktur Ihnen auch innerlich Festigkeit gibt. Das wird sich wiederum auf Ihre äußere Ordnung auswirken.

»Unordnung ist wie eine Uhr ohne Zeiger:
Sie geht und geht und doch weiß keiner, wie spät es ist.«

ESAIAS TEGNÉR, schwedischer Lyriker und Bischof

24 SIE SIND DER STEUERMANN

Kontrolle über das Leben behalten

Der Wind oben im Norden wechselt ständig. Wer hier mit einem Boot unterwegs ist, muss seine Segel immer wieder neu setzen, um auf Kurs zu bleiben. Wer im Alltag genauso beweglich sein Leben gestaltet, wird von plötzlichen Schwierigkeiten nicht so schnell aus der Bahn geworfen.

Unterscheiden Sie grundsätzlich zwischen dem, was Sie verändern können, und dem, was Sie akzeptieren müssen. Wenn Sie im Stau stecken oder das Wartezimmer beim Arzt brechend voll ist, ist es sinnlos, sich aufzuregen. Haben Sie immer ein gutes Buch oder Musik dabei, um sich die Wartezeit zu verschönern.

Je mehr Sie über etwas wissen, umso eher verliert es seinen Schrecken und Sie fühlen sich nicht mehr so wehrlos einem Schicksalsschlag ausgeliefert. Suchen Sie bei einem Fachmann oder in Fachliteratur gezielt nach Informationen, zum Beispiel über Krankheiten oder juristische Fragen, die Ihnen Hilfestellung geben.

Stehen Sie zu Ihren Gefühlen. Lassen Sie es zu, dass Sie zum Beispiel wütend oder ängstlich sind, denn wenn Sie sich dagegen wehren, geraten Sie nur zusätzlich in Stress. Und wenn Sie die Gefühle verdrängen, wirken sie unbewusst weiter.

Analysieren Sie die Situation so objektiv wie möglich und entwerfen Sie eine Strategie, wie es weitergehen soll. Holen Sie sich Rat, aber bestimmen Sie letztlich selbst, ob und wie Sie ihn umsetzen.

In jeder Situation gibt es eine kleine Möglichkeit, etwas zu kontrollieren, wenn Sie nur intensiv suchen – so fühlen Sie sich nie hilflos!

»Über den Wind können wir nicht bestimmen,
aber wir können die Segel richten.« WEISHEIT DER WIKINGER

25 IN IHNEN STECKT SO VIEL MEHR

Wie Sie über sich hinauswachsen können

Auf den Lofoten gibt es einen verborgenen Strand: Kvalvika. Er ist nur über einen steilen, beschwerlichen Weg zu erreichen. Wenn man durchhält, wird man mit einer atemberaubenden Aussicht belohnt. Meist ist es der Kopf, der uns sagt, wir könnten nicht weiter. Denn wir handeln selten nach unserem wirklichen Können, sondern danach, was wir zu können glauben.

Begeben Sie sich vorsätzlich in Situationen, die Sie sonst aus Angst vermeiden. Jeder noch so kleine Erfolg gibt mehr Selbstbewusstsein.
Lernen Sie gesunden Trotz! Wenn andere sagen: »Ob du das wohl schaffst?!«, denken Sie in Zukunft automatisch: »Jetzt erst recht!«.
Überraschen Sie sich selbst, indem Sie bewusst gegen Ihre Selbstzweifel angehen und etwas ausprobieren, von dem Sie denken, Sie könnten es nicht, wie malen, tanzen, singen ... Denn unsere mentalen Schranken bestimmen die Schranken, mit denen wir unser Leben eingrenzen.
Handeln Sie nicht nur nach dem Bild, das Sie von sich selbst haben, sondern handeln Sie und ändern Sie danach das Bild von sich.
Gehen Sie öfter aus Ihrer Komfortzone hinaus und trauen Sie sich etwas zu: eine Rede halten, ein Fest organisieren, ein Gedicht im Internet veröffentlichen. Egal, was es ist, es sollte Sie zwar nicht über-, aber durchaus etwas herausfordern.

Lernen Sie, Träume in die Tat umzusetzen. Lebensträume werden nur Realität, wenn man sie anpackt. Glauben Sie an das Unmögliche, denn Sie schaffen mehr, als Sie denken!

»Wenn du so weit gegangen bist, dass du glaubst, keinen Schritt weitergehen zu können, dann bist du halb so weit gegangen, wie du kannst.« GRÖNLÄNDISCHES SPRICHWORT

26 DURCH WÄRME ZUR ENTSPANNUNG

Sich rundum wohlfühlen

Egal, ob wir Sonnenstrahlen auf der Haut spüren oder uns vor ein molliges Kaminfeuer kuscheln: Bei Wärme fühlen wir uns einfach besser. Tatsächlich schlafen, entspannen und regenerieren wir am besten, wenn der Körper seine Wohlfühltemperatur von 36 bis 37 Grad erreicht hat. Denn Wärme kann heilen, Schmerzen lindern, beruhigen und Energie liefern.

Sind weder Sonne noch Kamin verfügbar, gibt es andere angenehme Möglichkeiten:
Ein Vollbad entspannt wunderbar. Badezusätze zum Beispiel mit Lavendel verstärken die Wirkung. Danach können Sie sich mit einem natürlichen Körperöl mit Arnikaextrakt eincremen und in einen flauschigen Bademantel einhüllen – oder gleich ins Bett kuscheln.
Ein Saunagang wärmt den ganzen Körper und hilft beim Abschalten. Wenn Ihr Kreislauf nicht stabil ist, sind Sie aber in einer Infrarotkabine besser aufgehoben, da sie milder wärmt.
Kuscheln Sie mal wieder, denn menschliche Wärme entspannt am schönsten!
Nutzen Sie autogenes Training, um warm zu werden: Legen Sie sich bequem hin und schließen Sie die Augen. Sagen Sie nacheinander jeweils dreimal: »Mein rechter Arm ist warm«, »Mein linker Arm ist warm«. Dasselbe machen Sie mit den Beinen. Genießen Sie die angenehme Wärme, bevor Sie sich rekeln und sich wie nach einem erquickenden Schlaf in die Realität zurückholen.

Genießen Sie die Wärme, die eine der ältesten Behandlungsformen der Menschheit ist!

»Der Mensch braucht Wärme,
Wärme des Feuers und Sonnenstrahlen.« WEISHEIT DER WIKINGER

27 SEIEN SIE SIE SELBST

Wege zur Authentizität

Es gehört viel Mut dazu, uns so zu zeigen, wie wir sind. Mit all unseren Vorzügen und Macken. Die Angst, nicht mehr gemocht zu werden, wenn wir offen unsere Meinung sagen, ist oft groß. Der Vorteil ist jedoch größer: Unser Umfeld weiß genau, woran es mit uns ist, wir können authentisch sein und müssen nicht dauernd aufpassen, wen wir verschrecken könnten.

Machen Sie eine simple Liste mit zwei Spalten: In die eine Spalte tragen Sie Ihre Stärken ein, in die andere Ihre Schwächen. Mit welchen Schwächen können Sie leben? An welchen wollen Sie arbeiten? **Nehmen Sie sich vor,** sich bei jeder Diskussion und bei jeder Auseinandersetzung mindestens einmal zu Wort zu melden. Das, was Sie dann sagen, sollte Ihre wirkliche Meinung sein.

Wie werden Sie von Ihren Freunden gesehen? Bitten Sie um ehrliche Antworten, auch wenn sie manchmal unangenehm sein sollten. Ihr eigenes Selbstbild und das Fremdbild Ihrer Freunde könnten ziemlich auseinanderklaffen: Nehmen Sie das Lob Ihrer Freunde an und deren Kritik ernst. **Seien Sie ehrlich zu anderen Menschen** und Sie werden genauso ehrlich von ihnen behandelt. Dabei gilt das Motto: Sie müssen nicht alles sagen, was Sie denken und sehen. Aber das, was Sie sagen, sollte – höflich vorgebracht – wahr sein.

Je authentischer Sie sind, umso weniger Kraft benötigen Sie, anderen etwas vorzuspielen. Sie werden mit dieser Haltung zwar einige Menschen vor den Kopf stoßen, jedoch andere als echte Freunde dazugewinnen können.

»Das Große ist nicht, dies oder das zu sein,
sondern man selbst zu sein.« SÖREN KIERKEGAARD, dänischer Philosoph und Schriftsteller

28 TRÄUMEN SIE SICH IHREN WEG

Durch Visualisierung Kraft schöpfen

Für Spitzensportler ist es schon selbstverständlich: Sie visualisieren vor dem Lauf oder dem Sprung ihre Bewegungsabläufe bis zum Ziel und bringen sich dadurch mental und körperlich in Stimmung. Das können Sie auch: Erträumen Sie sich Ihren Weg in eine Zukunft, die alles beinhaltet, was Sie sich wünschen. Das könnte der erste Schritt zur Veränderung sein.

Machen Sie allein einen längeren Spaziergang, nehmen Sie ein kleines Blankobuch und einen Stift mit. Jetzt stellen Sie sich die Frage, wo Sie in fünf Jahren sein möchten: Malen Sie sich den Ort und die Menschen aus. Was tun Sie? Wie fühlen Sie sich? Setzen Sie sich dann auf eine Bank und schreiben Sie alles auf, was Sie in Ihrer Vorstellung »gesehen«, gefühlt und gedacht haben.

Legen Sie sich warm eingewickelt auf das Sofa. Nun fantasieren Sie, was Sie tun würden, wenn Sie grenzenlosen Mut hätten. Wovon träumen Sie schon lange? Schreiben Sie auch dies in Ihr Buch. **Erlauben Sie sich, groß zu träumen,** und verzichten Sie auf den Traumkiller »Das wird nie was!«. **Schauen Sie immer wieder in Ihr »Traumbuch«** und denken Sie an Ihre Fantasien. Beantworten Sie sich die Frage, was Sie tatsächlich davon abhält, Ihre Träume in die Tat umzusetzen. **Überlegen Sie konkret,** welche kleinen Schritte Sie in der Realität in Richtung Traumerfüllung gehen können.

Nutzen Sie die Energie, die Sie aus der Visualisierung gezogen haben, um Ihre Träume wahr werden zu lassen!

28

»Ein Mensch ohne Träume ist
wie ein Boot ohne Segel.« WEISHEIT DER WIKINGER

29 MACHEN SIE ES SICH GEMÜTLICH

Den Stress vor der Tür lassen

In unserer hektischen Zeit, in der wir permanent via Handy und Computer erreichbar sind, fällt es schwer, Arbeit und Privatleben zu trennen. Beide Bereiche gehen fließend ineinander über mit dem Effekt, dass wir oft unter Strom stehen und buchstäblich nicht abschalten können. Um psychisch wie körperlich gesund zu bleiben, sollten wir lernen, den Feierabend zu genießen.

Bevor Sie Ihren Arbeitsplatz verlassen, räumen Sie ihn auf und machen sich eine To-do-Liste für den nächsten Tag. Nehmen Sie möglichst keine Arbeit mit nach Hause!
Wenn Sie nach Hause kommen, tauschen Sie als Erstes Arbeits- gegen bequeme Hauskleidung ein.
Beginnen Sie den Feierabend mit einem Ritual: Setzen Sie zum Beispiel Ihren Lieblingstee auf, zünden Sie eine Kerze an und hören Sie Ihre Lieblingsmusik. So gewinnen Sie Abstand zum Job.
Kontrollieren Sie am Wochenende nur einmal täglich Ihre E-Mails und lassen Sie auf Ihrem Diensthandy die Mailbox laufen.
Wenn Sie nicht abschalten können, weil Ihre Gedanken weiter um die Arbeit kreisen, schreiben Sie auf, was Sie gerade beschäftigt. Dann legen Sie den Zettel in Ihre Akten- oder Handtasche und kümmern sich am nächsten Tag darum.

Sprechen Sie mit Ihrem Partner maximal eine halbe Stunde über das, was Ihnen heute im Job zum Beispiel Sorgen bereitet hat, und schließen Sie danach mit dem Thema bis zum nächsten Morgen ab. Sie kontrollieren, wann Sie sich mit Ihrem Stress beschäftigen wollen!

29

»Die kleinste Hütte ist besser als keine:
Daheim bist du dein eigener Herr.« WEISHEIT DER WIKINGER

30 ENTDECKEN WIE DIE WIKINGER

Staunen und Begeisterung

Die Wikinger waren nicht nur gefürchtete Krieger, sondern auch Händler, Entdecker und Forscher. Anstatt eines Kompasses benutzten sie eine Art hölzerne Sonnenuhr und »Sonnensteine«, mit denen sie sich auf hoher See orientieren konnten. Begeben auch Sie sich auf Entdeckungstour und lassen Sie das Navi zu Hause!

Entdecken Sie Ihre direkte Umgebung neu, indem Sie zu Fuß durch die Straßen bummeln. Registrieren Sie, wo ein Laden aufgemacht hat, eine Grünfläche angelegt, ein Haus abgerissen wurde. **Wenn Sie schon seit Jahren** an denselben Ort in den Urlaub fahren, nehmen Sie sich bereits zu Hause via Internet oder Reiseführer vor, etwas Neues zu erleben: ein anderes Hotel zu buchen, ein neues Restaurant auszuprobieren, einen Ausflug per Bus zu einem für Sie unbekannten Ort zu machen oder ... Lassen Sie Ihre Fantasie spielen! **Seien Sie neugierig** und gehen Sie in ein Geschäft, in dem Sachen verkauft werden, die mit Ihrem Leben wenig zu tun haben: eine Designerboutique, wenn Sie eher »normale« Kleidung tragen, ein Geschäft mit exotischen Gewürzen, wenn Sie eher bodenständige Küche bevorzugen, ein Computerladen, wenn Technik gar nicht Ihr Ding ist. **Staunen Sie** in einem Blumengeschäft über die Pflanzen, die Sie vorher noch nie gesehen haben. Fragen Sie nach deren Namen und Herkunft.

Wer ganz bewusst seine Alltagsgrenzen durchbricht und auf kleine oder große Entdeckungsreise geht, lernt wieder zu staunen und bereichert sein Leben.

»Der raue Nordwind schuf die Wikinger.«

SPRICHWORT DER WIKINGER

31 DIE IDEEN WIEDER SPRUDELN LASSEN

So überwinden Sie Denkblockaden

Sie sollen für die Hochzeit Ihrer Freundin eine Rede vorbereiten – Ihnen fällt aber partout nichts ein. Und auch für das Referat Ihres Sohnes können Sie keine zündende Idee beisteuern. Je größer Zeitdruck, Ablenkung und Stress sind, umso weniger gelingt es uns, kreativ zu sein. Wie bekommen wir diese Blockade in den Griff?

Seien Sie weniger perfekt: Wenn Sie von sich verlangen, dass jede Idee vollkommen sein muss, erhöht dies nur den inneren Druck. Kritzeln Sie locker ein paar Gedanken aufs Papier, spielen Sie mit Ideen, bis sich langsam eine Richtung ergibt.
Kein Zeitdruck: Fangen Sie rechtzeitig an und planen Sie eine kleine Pufferzone ein. Das Wissen, dass Sie genügend Zeit haben, senkt den Stresshaushalt und mindert somit die Denkblockaden.
Ablenkung vermeiden: Wenn zum Beispiel Ihr Schreibtisch mit 1000 Sachen übersät ist, Sie parallel noch im Internet surfen und E-Mails beantworten, können Ihre Gedanken nicht fließen. Also: Achten Sie auf Reizkontrolle beim Denken.
Gute Vorbereitung: Legen Sie alles, was Sie brauchen könnten, parat; dazu gehört auch eine Tasse Tee oder ein Glas Wasser. Sorgen Sie für eine ruhige Umgebung, schalten Sie Ihr Handy und die Klingel ab – und los geht's!

Wenn Sie die ersten Zeilen zu Papier gebracht haben, sparen Sie diesmal nicht mit Eigenlob. Zeigen Sie Ihr Werk auch anderen lieben Menschen und erfreuen Sie sich an deren Beifall oder konstruktiven Kritik. Das ist eine gute Basis für den nächsten kreativen Schub!

»Etwas Gescheiteres kann einer doch nicht treiben in dieser schönen Welt, als zu spielen.« HENRIK IBSEN, norwegischer Schriftsteller

32 STEHEN SIE ZU SICH SELBST

Niemand ist perfekt

Manchmal gibt es da diese kleine Stimme im Hinterkopf, die sagt: »Das schaffst du nicht!«, »Das kannst du nicht!«. Kein Wunder, wenn wir uns dann vor neuen Herausforderungen eher drücken und das Selbstbewusstsein wankt. Lernen Sie, sich so zu akzeptieren, wie Sie sind. Dann schaffen Sie Unglaubliches!

Woher kommen Ihre Selbstzweifel? Meist entwickeln sich diese, wenn uns in der Kindheit zu wenig zugetraut und zu viel abgenommen wurde, nach dem Motto: »Du kannst das noch nicht, lass lieber mich machen!« Sie sind jetzt aber erwachsen und haben Erfahrungen und Fähigkeiten erlangt, die Ihnen helfen, Herausforderungen anzugehen. Werfen Sie hemmende Glaubenssätze schleunigst über Bord (siehe auch 22. Woche).

Achten Sie auf Ihre innere Stimme. Nörgeln Sie innerlich andauernd an sich herum oder sprechen Sie sich bei schwierigen Aufgaben Mut zu? Kritik kann helfen, eine Arbeit sorgfältig zu erledigen. Dauerkritik macht aber mutlos. Setzen Sie Ihrem inneren Nörgler Grenzen, indem Sie bewusst an Ihre bisherigen Erfolge denken.
Wir können nur aus Fehlern lernen. Gerade wenn mal etwas schiefgegangen ist, haben Sie die Chance, aus den Erfahrungen zu lernen, um es das nächste Mal besser zu machen.

Niemand erwartet von Ihnen, perfekt zu sein – hören Sie also auf, sich selbst anzutreiben. Versuchen Sie einfach, so gut zu sein, wie es Ihnen möglich ist, und jeden Misserfolg als Herausforderung zu betrachten, sich weiterzuentwickeln.

»Kein Fisch ohne Gräten,
kein Mensch ohne Fehler.« NORWEGISCHES SPRICHWORT

33 GEBEN MACHT GLÜCKLICH

Schenken und beschenkt werden

Wenn wir kleine Präsente machen, steigt unser Glücksgefühl. Besonders wenn sich unsere Lieben freuen, weil unser Geschenk so passend ist. Umgekehrt können wir einen Menschen, der uns beschenkt, sehr glücklich machen, wenn wir sein Präsent richtig würdigen. Gründe genug, sich über das Schenken Gedanken zu machen.

Spenden Sie nicht nur zu Weihnachten. Auch wenn Sie wenig Geld haben: Schon ein kleiner Betrag gibt Ihnen das gute Gefühl, Menschen geholfen zu haben, die noch weniger besitzen als Sie. **Geschenke können Beziehungspfleger** sein, wenn sie persönlich sind. Hören Sie deshalb genau zu, wenn der andere von seinen Wünschen erzählt. **Packen Sie immer die Präsente selbst ein.** Allein das zeigt, wie viel Mühe Sie sich gegeben haben.

Sammeln Sie über das Jahr hinweg Geschenke für Ihre Lieben. Immer wenn Sie etwas sehen, das genau zu einem Menschen passen würde, wird es gekauft und wandert in eine Geschenkekiste. **Wenn Sie ein Geschenk erhalten haben,** dann würdigen Sie es ausführlich und zeigen Sie Ihre Freude. Verzichten Sie auf Floskeln wie »Das wäre doch nicht nötig gewesen!«. Nein, strahlen Sie, denn das ist der Lohn des Schenkenden.

Amerikanische Studien haben eindeutig ergeben: Die Lebenszufriedenheit steigt weniger mit dem Einkommen als vielmehr damit, ob wir mit dem Geld auch Gutes tun. Wenn wir also mit nur einem Teil unseres Verdienstes anderen Menschen eine Freude bereiten, sind diese hoffentlich glücklicher – und wir sind es auch!

33

»So generös und gastfrei ist keiner,
dass er Geschenke verschmäht.« WEISHEIT DER WIKINGER

34 DIE FREIHEIT, SCHÖNHEIT ZU GENIESSEN

Was das Leben so lebenswert macht

Effektivität und Kosten-Nutzen-Rechnungen bestimmen vielfach unser Leben. Umso wichtiger ist es, dass wir uns immer wieder frei von äußeren Einflüssen machen und uns auf die schönen Dinge um uns herum konzentrieren.

Erinnern Sie sich an Ihre Kindheit, als Sie wahrscheinlich sorgenfreier und unbekümmerter in den Tag hineinleben konnten als heute. Genießen Sie die Gefühle von Freiheit und »Alles ist möglich«, die sich durch die Erinnerung in Ihnen einstellen. Was davon können Sie in Ihr jetziges Leben herüberretten?
Finden Sie einen Platz in der Natur, an dem Sie sich richtig wohlfühlen. Suchen Sie ihn häufig auf und freuen Sie sich an den Dingen, die Sie hier entdecken können (siehe auch 14. Woche).

Nicht alles muss Gewinn bringen, wir müssen nicht ständig effektiv sein. In der Achtsamkeitspraxis werden zum Beispiel die Dinge um ihrer selbst willen getan, ohne dass ein Ziel oder eine Absicht dahintersteckt. Hören Sie also Musik, um Musik zu hören, essen Sie, um zu essen … Je weniger Sie angestrengt wollen, umso entspannter können Sie den Augenblick genießen. Dadurch erfahren Sie das Leben auf eine ganz neue, entspannte und glückliche Weise.

Wenn wir einmal genau hinschauen, warum wir manchmal unzufrieden sind oder alles als grau und trist empfinden, wird deutlich, dass dies meist nur unsere subjektive Wahrnehmung ist. Wichtig ist, dass uns bewusst wird, dass wir auf diese Wahrnehmung Einfluss nehmen können.

»Leben allein genügt nicht, sagte der Schmetterling: Sonnenschein, Freiheit und eine kleine Blume gehören auch dazu.« HANS CHRISTIAN ANDERSEN, dänischer Schriftsteller

35 SO KOMMEN SIE IN SCHWUNG

Geplant aktiv werden

Irgendwie schaffen Sie es nie ins Fitnessstudio oder Sie verschieben die Diät von Woche zu Woche? Damit es endlich klappt, nutzen Sie den »Plan der kleinen Schritte«. Gute Vorsätze aus einer Laune heraus spontan umzusetzen, funktioniert leider nicht. Ihr Gehirn muss sich erst konkret mit der Veränderung beschäftigen.

Bevor Sie starten, legen Sie ein kleines »Veränderungstagebuch« an, in dem Sie folgende Fragen beantworten, zum Beispiel beim »Abnehmen«:

Was will ich genau tun?

1. Ich möchte in einem Jahr 15 kg abnehmen.
2. Ich möchte regelmäßig Sport machen.

Warum will ich es tun?

1. Ich will mich wieder attraktiv finden.
2. Ich möchte wieder alles anziehen können.

Wie will ich es tun?

1. Ich werde mir einen Termin bei einer Ernährungsberaterin geben lassen.
2. Ich werde dreimal in der Woche mindestens eine halbe Stunde walken gehen.

Wann will ich es tun?

1. Ich werde mit dem Sportprogramm nächsten Montag um 8.00 Uhr starten.
2. Ab sofort gibt es nur noch eine Handvoll Gummibärchen pro Tag.

Haben Sie, falls die Umstände ungünstig sind, immer einen »Plan B« parat, um aktiv zu bleiben. Angenommen, Sie wollen täglich joggen, es regnet aber heute in Strömen. Dann packen Sie eben die Badesachen und gehen schwimmen. Hauptsache Sie bewegen sich!

»Der größte Schritt ist der durch die Tür.«

DÄNISCHE WEISHEIT

36 DAS GLÜCK IM ALLTAG FINDEN

Kleinigkeiten machen glücklich

Die Glücksforschung hat es bewiesen: Wer immer nur dem großen Glück in Form von Reichtum, Besitz oder Ruhm hinterherjagt, wird nie wirklich glücklich sein. Wer jedoch seine Wahrnehmung im Alltag so verfeinert, dass er Kleinigkeiten wahrnehmen kann, ist wesentlich zufriedener als der rastlose Jäger nach dem ultimativen Glücksgefühl.

Nehmen Sie sich die Zeit und beobachten Sie spielende Kinder, lassen Sie sich von deren Fröhlichkeit anstecken.
Wenn Sie morgens bei einer Tasse Tee oder Kaffee sitzen, nehmen Sie den ersten Schluck ganz bewusst wahr: Wie duftet und schmeckt es? Wie breitet sich die Wärme wohltuend im Körper aus?
Bei einem Spaziergang durch den Park nehmen Sie Ihre Umgebung mit allen Sinnen wahr: Welche Vögel hören Sie, welche Pflanzen können Sie entdecken? Wie fühlt es sich an, wenn Sie auf einer Bank sitzen und die Sonne Ihre Haut streichelt?
Überlegen Sie gleich morgens beim Aufwachen, welchen kleinen Glücksmoment Sie heute einbauen können, etwa das gemeinsame Essen mit Kollegen oder das Schaumbad am Abend. Freuen Sie sich darauf und denken Sie öfter gezielt daran. Sie werden überrascht sein, wie viel leichter Ihnen der Tag fällt!

Seien Sie täglich bereit, diese Glücksmomente im Alltag zu sammeln. Abends können Sie vor dem Einschlafen noch einmal alle Revue passieren lassen, um dann mit einem Gefühl der Dankbarkeit und Zufriedenheit einzuschlafen.

36

»Der große Reichtum unseres Lebens, das sind die kleinen Sonnenstrahlen, die jeden Tag auf unseren Weg fallen.«

HANS CHRISTIAN ANDERSEN, dänischer Schriftsteller

37 RESPEKTVOLLES MITEINANDER

Besser mit dem Gegenüber umgehen

Im hohen Norden sind gerade in der dunklen Jahreszeit die Menschen aufeinander angewiesen: Die Häuser liegen weit auseinander, der nächste Arzt oder Supermarkt ist oft nur nach langer Fahrt zu erreichen. Da ist es besonders wichtig, Verstimmungen konstruktiv zu lösen, um ein entspanntes Miteinander zu erreichen. Mit dem BANK-Modell können Sie dies auch in Ihrem Umfeld umsetzen.

Angenommen, Ihre Familie räumt nach dem Essen nie das benutzte Geschirr ab – und das ärgert Sie. Was können Sie tun, ohne Familienkrach?
Beschreiben Sie nur das sichtbare Verhalten der anderen, das Sie stört, aber lassen Sie die Personen unangetastet: »Ihr lasst nach dem Frühstück immer das Geschirr stehen!«
Erklären Sie, welche Auswirkungen das Verhalten auf Sie hat: »Ich fühle mich wie eure Hausangestellte und ärgere mich darüber!«
Nennen Sie Veränderungswünsche: »Bitte nehmt nach dem Frühstück das Geschirr mit in die Küche und stellt es in den Geschirrspüler!«
Und welche Konsequenzen diese Veränderung auf Sie hätte: »Ich fühle mich respektvoller von euch behandelt und ärgere mich nicht über euch!«
Dieses Modell lässt sich auf alle Lebensbereiche, also auch Job oder Freundschaften, übertragen.

Verzichten Sie bei Konflikten auf Anklagen oder gar Beleidigungen. Dann fühlt sich Ihr Gegenüber nicht als Person angegriffen und ist eher bereit, Ihnen zuzuhören und entgegenzukommen – so entspannen Sie aktiv die Situation.

»Der Schmerz, der uns zugefügt wird, ist nicht die schwerste Last des Lebens. Viel schwerer legt sich auf unsere Schultern der Schmerz, den wir den anderen zugefügt haben.« HERMAN JOACHIM BANG, dänischer Schriftsteller

38 LEGEN SIE SICH EIN DICKES FELL ZU

Mit zu vielen Reizen umgehen können

Robben haben zum Schutz vor Auskühlung unter der Haut eine dicke Fettschicht. Für sie ist es überlebenswichtig, sich gegen Kälte abzuschirmen. Im übertragenen Sinne ist es auch für uns sinnvoll, uns eine psychische Fettschicht zuzulegen, die uns vor Reizüberflutung und seelischen Verletzungen schützen kann.

Sorgen Sie für erholsamen Schlaf, wenn Sie sehr gestresst sind: keine überflüssigen Dekorationen und kein TV im Schlafzimmer, die Ihr Gehirn aktivieren und vom Schlafen abhalten könnten. **Dosieren Sie Ihre Empathie.** Es ist schön, wenn Sie sich gut in Ihre Mitmenschen einfühlen können – aber zerfließen Sie nicht vor Mitleid. Und grenzen Sie sich gegen notorische »Jammerer« ab, die Sie als seelischen Mülleimer benutzen.

Üben Sie progressive Muskelentspannung. Setzen Sie sich aufrecht hin. Nun ballen Sie die Hände zu Fäusten und halten die Spannung etwa 5 Sekunden. Dann lassen Sie locker und schütteln die Hände aus. Sie können nacheinander alle Muskelgruppen anspannen und nach 5 Sekunden wieder entspannen. Beginnen Sie bei den Füßen, indem Sie die Zehen einkrallen, spannen Sie dann die Beine an, dann Hände, Arme, Bauch, Brust, Schulter und zuletzt den Kopf, indem Sie die Zähne zusammenbeißen. Spüren Sie den Unterschied zwischen An- und Entspannung.

Lernen Sie vor allem, »Nein« zu sagen: Nicht jeder muss Sie lieben. Das macht Sie fit bei Beleidigungen & Co., denn Sie können sich besser behaupten.

38

»Daran konnte man sehen, dass sie eine wirkliche Prinzessin war, da sie durch die zwanzig Matratzen und die zwanzig Eiderdaunendecken die Erbse gespürt hatte.« HANS CHRISTIAN ANDERSEN, »Die Prinzessin auf der Erbse«

39 MUTIG SEIN

Sich für andere einsetzen

Es gibt viele glückliche Momente im Umgang mit anderen Menschen. Zu einem guten Zusammenleben gehört aber auch, uns in Krisensituationen für andere einzusetzen. Doch das ist nicht so einfach: Viele Menschen trauen sich nicht, einzugreifen oder die Meinung zu sagen, aus Angst, sie schaden sich selbst. Wie können wir Schritt für Schritt mutiger werden?

Entscheiden Sie sich bewusst dafür, ab jetzt öfter für andere einzustehen. Streichen Sie den Satz: »Da kann ich nichts dran ändern« und ersetzen Sie ihn durch: »Ich kann etwas bewirken!«.

Fangen Sie mit Kleinigkeiten an. Fragen Sie zum Beispiel nach, ob Sie Ihrer gebrechlichen Nachbarin etwas vom Einkauf mitbringen können. So können Sie das Leben anderer bereichern.

Machen Sie sich stärker. Haben Sie zum Beispiel Angst, vor anderen Menschen zu sprechen, könnte Ihnen ein Rhetorikkurs mehr Sicherheit geben. Bei einer ehrenamtlichen Tätigkeit können Sie lernen, auf andere zuzugehen und sich für sie stark zu machen. Ganz unmerklich bekommen Sie dadurch mehr Selbstwertgefühl – was Sie wieder stärker für die nächste Aufgabe macht.

Mutig sein heißt nicht automatisch, allein Probleme zu lösen. Hat zum Beispiel Ihr Kind Lernschwierigkeiten, können Sie sich mit anderen Eltern zusammentun und Nachhilfe organisieren.

Rückgrat zu beweisen bedeutet nachzudenken, eine Lösung zu finden und dann entschlossen aktiv zu werden – Schritt für Schritt.

39

»Mut beruht vor allem auf dem Willen,
ihn zu haben.« ELLEN KEY, schwedische Reformpädagogin und Schriftstellerin

40 GUT SCHLAFEN

Entspannt ruhen und regenerieren

Nach einer erholsamen Nacht ausgeruht und fit in den Tag zu starten ist ein wunderbares Gefühl. Doch Lärm und Stress sorgen dafür, dass immer mehr Menschen an Schlafstörungen leiden. Dabei brauchen wir zwischen sieben und neun Stunden Schlaf, um unsere geistigen und körperlichen Kräfte zu regenerieren.

Nur wer eine positive Einstellung zum Schlafen hat, schläft auch gut. Sollten Sie Nachtruhe als vergeudete Zeit empfinden, wird's Zeit zum Umdenken: Ein ausgeruhter Kopf kann viel besser denken, ein erholter Körper hat wieder Energie.
Heiße Milch mit Honig tranken schon Oma und Opa, aber Wissenschaftler haben herausgefunden, dass die Milch durch das enthaltene Kalzium tatsächlich beruhigt.

Die richtige Umgebung ist wichtig. Kühle Farben im Schlafzimmer wie Blau oder Grau wirken beruhigend. Die ideale Raumtemperatur beträgt nicht über 18 Grad. Die Luftfeuchtigkeit sollte zwischen 45 und 55 Prozent liegen. Wichtig ist auch eine rückenfreundliche Matratze.
Finden Sie Ihren eigenen Biorhythmus, der alle 90 Minuten von Aktivität zu Ruhe und zurück wechselt. Sollten Sie schlecht schlafen, probieren Sie aus, 30 Minuten früher ins Bett zu gehen oder 30 Minuten später aufzustehen. Vielleicht gehen Sie einfach zu früh oder spät ins Bett, stehen zu früh oder spät auf.

Außerdem gilt die 3-Stunden-Regel: Drei Stunden vorm Schlafengehen keinen Alkohol, keinen Kaffee und keine größere Mahlzeit.

»Wenn man schlafen geht, sollte man die Sorgen in die Schuhe stecken.« SCHWEDISCHES SPRICHWORT

41 SAGEN SIE ÖFTER EINMAL DANKE

Loben und Bedanken richtig gemacht

Hand aufs Herz: Wann haben Sie das letzte Mal ein richtig schönes Lob gehört? Und wann haben Sie das letzte Mal jemanden gelobt? Leider kommt dies im Alltag oft etwas zu kurz. Dabei ist ein herzliches Dankeschön und ein aufrichtiges Lob ein kleiner Aufwand mit großer Wirkung.

Das Belohnungssystem im Gehirn springt an und Endorphine (körpereigene Opiate) werden ausgeschüttet, wenn wir für unser Tun ein Lob erhalten. Dadurch fühlen wir uns bestätigt und glücklich. Bei Kritik dagegen verknüpft das Gehirn die Tätigkeit mit Bestrafung. Daher lernen wir besser durch positive Verstärkung.
Lob und Dank kommen dann besonders gut an, wenn wir dem anderen direkt in die Augen sehen und konkret den Anlass nennen.

Loben und bedanken Sie sich öfter für Dinge, die gut funktionieren. Besonders dann, wenn etwas reibungslos läuft, vergessen wir leicht, es anzuerkennen. Dabei ist gerade die Anerkennung für jeden die Motivation weiterzumachen.
Denken Sie also das nächste Mal, wenn jemand für Sie ein Essen kocht, an der Kasse freundlich Ihre Waren abrechnet oder Sie in einem Restaurant zuvorkommend bedient, an ein lobendes Dankeschön. Das ist für Sie ein Leichtes und kann diesem Menschen den ganzen Tag verschönern.

Manche haben Bedenken, dass der andere bei zu viel Lob und Dank faul oder arrogant wird. Doch das Gegenteil ist der Fall! Wir können gar nicht genug danken und loben, denn Anerkennung brauchen wir wie die Luft zum Atmen.

»Dankbarkeit ist das Gedächtnis
des Herzens.« SCHWEDISCHES SPRICHWORT

42 GÖNNEN SIE SICH EINEN TRAUM

Träume geben Kraft

Die moderne Schlafforschung hat gezeigt, dass wir im Traum unsere Tageseindrücke verarbeiten und sortieren, manchmal auch Probleme wälzen und Lösungen erträumen. Wie gelingt es uns, zu träumen und unsere Träume zu nutzen?

Wichtig fürs Träumen ist der Tiefschlaf. In der sogenannten REM-Phase (Rapid Eye Movement), in der sich die Augen automatisch bewegen, regenerieren sich Körper und Geist am stärksten. Egal, ob Sie insgesamt fünf oder zehn Stunden schlafen: Drei bis vier Stunden Traumschlaf sollten sein, damit Sie sich beim Aufwachen ausgeruht fühlen.
Träume zeigen uns manchmal Richtungen oder Lösungen auf, an die wir nie gedacht hätten – wenn wir uns erinnern! Schreiben Sie also Ideen gleich nach dem Aufwachen auf. Doch selbst wenn Sie sich nicht aktiv erinnern, geben Ihnen die Träume unterschwellig ein positives Gefühl nach dem Motto: Es gibt eine Lösung und ich komme schon drauf.
Nutzen Sie den Priming-Effekt. Wenn Sie etwas lernen möchten, so beschäftigen Sie sich kurz vorm Schlafengehen noch einmal mit dem Thema. Am nächsten Morgen frischen Sie die Materie intensiv auf und haben einen großen Lernerfolg, denn im Schlaf wurde der Inhalt für das Lernen so vorbereitet, dass das Behalten leichter fällt.

Kleine Tagträume über den Tag verteilt sorgen für einen Kurzurlaub des Gehirns: Mit einer Erinnerung an den letzten Urlaub, an ein lustiges Erlebnis oder eine berührende Filmszene können Sie sich jederzeit in Stimmung bringen.

42

»Man träumt nicht mehr so schön,
wenn man erwachsen ist.« KNUT HAMSUN, norwegischer Schriftsteller

43 SIE SIND TEIL DER NATUR

Auf den eigenen Rhythmus achten

So wie die Natur sich im Wandel der Jahreszeiten verändert oder Ebbe und Flut sich ständig wiederholen, genauso haben auch wir einen inneren Rhythmus. Jeder Mensch hat seinen eigenen und es täte uns gut, die Aktivitäts- und Ruhephasen danach auszurichten. Doch meist hält uns unser durchgeplanter Alltag davon ab.

Erforschen Sie Ihre innere Uhr, indem Sie zum Beispiel im Urlaub versuchen herauszufinden, zu welchen Tageszeiten Sie besonders gut denken oder etwas tun können.
Eulen und Lerchen – so bezeichnet man Langschläfer und Frühaufsteher. Nach heutigem Wissensstand scheint es genetisch bedingt zu sein, ob wir eher abends geistige Höchstleistungen bringen können oder morgens munter sind.

Beobachten Sie sich eine Zeit lang genau und versuchen Sie dann, soweit es geht, Ihren Tagesablauf so umzustrukturieren, dass Sie Ihre Hoch-Zeiten am besten nutzen können.
Gehen Sie regelmäßig spazieren, wenn Sie als Langschläfer das Gefühl haben, permanent müde zu sein. Denn Sonnenlicht drosselt die Produktion des Schlafhormons Melatonin und kurbelt die Vitamin-D-Produktion an, die unter anderem für gute Laune verantwortlich ist!

Akzeptieren Sie Ihren sogenannten Chronotypus: Sie sind nun einmal eine Eule oder Lerche, denn den natürlichen Rhythmus kann man nicht grundlegend verändern. Versuchen Sie, besser damit leben zu lernen, damit Sie auch weiterhin leistungsfähig und gesund bleiben.

43

»Haben Sie nie bemerkt, dass die Leute draußen am offenen Meer einen besonderen Menschenschlag bilden?«

HENRIK IBSEN, norwegischer Schriftsteller

44 LEBEN IM WECHSEL DER JAHRESZEITEN

Im Einklang mit der Natur

Erdbeeren im Winter, Sommertemperaturen das ganze Jahr über dank Heizung: Durch Technik und Globalisierung sind wir in unserer Lebensweise vollkommen von den Jahreszeiten unabhängig. Wer jedoch bewusster leben möchte, sollte auf die Natur hören und seinen Lebensrhythmus dem natürlichen Zyklus angleichen.

Im Frühjahr erwacht die Natur. Das gilt auch für den Menschen. Die lichtabhängigen Glückshormone Dopamin und Serotonin werden vermehrt ausgeschüttet: Wir fühlen uns energievoller. Zeit, sich draußen zu bewegen, Pläne zu schmieden und Schritte zu deren Umsetzung zu machen.
Im Sommer sorgt das Maximum an UVB-Strahlen für vermehrte Vitamin-D-Produktion: Der Stoffwechsel wird angeregt, wir erreichen im Jahreszyklus unseren Aktivitätshöhepunkt. Zeit also zum Auspowern beim Schwimmen oder Radeln. Wichtig: An Entspannungsmomente denken und auch mal am See oder im Park »chillen«.
Der Herbst ist die Zeit der Ernte und des Abschieds vom Sommer. So schalten auch wir im Lebenstempo einen Gang zurück. Wie wäre es jetzt gleich mit einer Kürbissuppe mit Ingwer und frisch ausgepresstem Orangensaft zur Stärkung des Immunsystems?
Im Winter ruht die Natur. Zeit, in sich zu gehen und Resümee zu ziehen. Geben Sie ruhig dem Bedürfnis nach Ruhe und Wärme nach und rücken Sie mit Familie und Freunden enger zusammen.

Wenn wir unseren Lebensstil an die Natur angleichen, leben wir gesünder und energievoller.

»Der Winter mag scheiden, der Frühling vergehn,
der Sommer mag verwelken, das Jahr verwehn.«

SOLVEIGS LIED AUS DER PEER-GYNT-SUITE, Musik: Edvard Grieg, Text: Henrik Ibsen

45 ZEIT FÜR MICH

Ein Moment der Ruhe

Im Norden findet man noch diesen Luxus: einen Platz, an dem man nur für sich ist, in aller Ruhe nachdenken und durchatmen kann. Wissenschaftler haben herausgefunden, dass Menschen, die sich immer wieder Auszeiten gönnen, um allein zu sein, gesünder und zufriedener sind.

Alleinsein genießen: Selbst gewählte Zurückgezogenheit stärkt, denn Sie halten inne, kommen zu sich und können endlich einen Gedanken zu Ende denken.
Auf Angenehmes konzentrieren: Wenn Sie sich zurückziehen, können Sie die Reize zulassen, die Sie möchten, und andere abwehren.
Für Stille sorgen: Schon ein dauerhafter Geräuschpegel von 80 Dezibel, was normalem Straßenlärm entspricht, führt zu Gereiztheit und Schlafstörungen. Wenn Sie allein sind, können Sie sämtliche Lärmquellen in der Wohnung ausschalten und die Ruhe genießen.
Die heilsame Wirkung der Natur nutzen: Betrachten Sie nur für sich einen klaren Sternenhimmel. Das kann Ihnen ein Gefühl von tiefer Ruhe vermitteln und das Empfinden geben, mit etwas Größerem verbunden zu sein.
Alleinsein üben: Gehen Sie allein spazieren, dann verbringen Sie einen Abend nur mit sich und schließlich einen ganzen Tag. Lesen Sie, hören Sie Musik, schreiben Sie Tagebuch und finden Sie heraus, wie viel Alleinsein Ihnen guttut.

Sich selbst kennenzulernen ist die Voraussetzung dafür, sich so zu akzeptieren, wie man ist. Das gelingt, wenn wir uns nicht ständig ablenken.

45

»Wer mit sich selbst in Frieden leben will,
muss sich so akzeptieren, wie er ist.« SELMA LAGERLÖF, schwedische Schriftstellerin

46 OPTIMISMUS KANN MAN LERNEN

So ist Ihr Glas immer halb voll

Sie haben ein Vorstellungsgespräch und geraten in einen Stau – Sie werden nicht pünktlich sein. Denken Sie jetzt: »So was geschieht nur mir, das war's!«? Oder denken Sie: »Das kann jedem mal passieren. Ich rufe an und nutze die Zeit, mich noch weiter vorzubereiten.«? Pessimisten fühlen sich dem Leben hilflos ausgeliefert, Optimisten versuchen, auch schwierigen Situationen etwas Positives abzugewinnen. Das können Sie auch!

Machen Sie das Beste draus! Im Stau entspannen Sie sich mit Ihrer Lieblingsmusik, im verspäteten Zug rufen Sie eine liebe Freundin an, die Sie schon länger nicht mehr gesprochen haben. Es findet sich immer ein positiver Weg, eine an sich negative Situation zu nutzen. Legen Sie sich für derartige Konstellationen einen »Plan B« zurecht.

Vertrauen Sie Ihren Fähigkeiten! Auf die Frage »Traust du dir das zu?« antworten Sie ab sofort: »Ja, ich probiere es gern!«. Es sind Gedanken wie »Das könnte ich nie!«, die unsere Fähigkeiten eingrenzen. Probieren Sie sich aus – und Sie werden überrascht sein, wie viel in Ihnen steckt!

Glauben Sie an ein gutes Ende! Egal, was Sie anpacken: Am Ende wird alles gut und wenn es noch nicht gut ist, sind Sie damit auch noch nicht fertig. Das gilt für das neue Kuchenrezept genauso wie für die neue Aufgabe im Job: Sie entwickeln sich weiter und werden immer besser!

Menschen mit optimistischer Sichtweise leben gesünder und länger, haben stabilere Beziehungen und mehr Erfolg im Job. Gründe genug, Optimismus zu trainieren!

46

»Es sieht der Mensch die Welt fast immer durch die Brille des Gefühls und je nach der Farbe des Glases erscheint sie ihm finster oder purpurhell.« HANS CHRISTIAN ANDERSEN, dänischer Schriftsteller

47 WENN WORTE GUTTUN

Wie wir mit anderen umgehen

Gelungene Kommunikation ist wie eine Brücke zwischen zwei Menschen, die auch dann hält, wenn es einmal Streit oder Missverständnisse geben sollte. Durch die richtigen Worte können Sie Ihr Gegenüber sogar glücklich machen.

Zehn goldene Regeln

1. Den anderen ausreden lassen.
2. Nicht »du«, sondern »ich« sagen.
3. Nicht »man« sagen, wenn man »ich« oder »du« meint.
4. Die Perspektive des anderen einnehmen.
5. Bei Streitgefahr die Metaebene suchen, also versuchen, den Konflikt von außen zu betrachten.
6. Keine Anklagen oder Beleidigungen.
7. Bei Eskalation eine Auszeit einlegen.
8. Einsehen, wenn man unrecht hat.
9. Entschuldigung sagen bei Ausrutschern.
10. Dem anderen in die Augen sehen.

Wenn Sie etwas sagen, sollte es wahr sein. Verzichten Sie auf »Geplapper« oder Phrasen. Sie müssen aber nicht alles sagen, was Sie denken. In Ausnahmefällen können Sie kleine Notlügen einsetzen oder schweigen, um den anderen zu schonen. Verschweigen gilt jedoch als handfeste Lüge, wenn Sie etwa von existenziellen Schulden, Abhängigkeitsproblemen oder Nebenbeziehungen nicht erzählen wollen, weil Sie Angst vor den Konsequenzen haben.

Vorsicht vor Tratsch und Klatsch! Dabei erlebt man zwar ein vermeintliches Gemeinschaftsgefühl mit anderen Lästerern, aber damit kann man andere sehr verletzen.

»Wenn man von den Trollen spricht, stehen sie in der Eingangshalle und lauschen.« SCHWEDISCHES SPRICHWORT

48 WENIG KANN SO VIEL SEIN

Die Jagd nach mehr einstellen

Größer, weiter, schneller – bei der Suche nach dem immer Besseren ist irgendwann nichts mehr gut genug. Zeit für die Notbremse: Bescheidenheit und Demut mögen in unserer Ellbogengesellschaft unpopulär sein, doch sind sie ein Garant für mehr Zufriedenheit im Leben.

Vergleichen Sie sich nicht mit anderen, denn es wird immer jemanden geben, der erfolgreicher oder reicher ist als Sie. Beurteilen Sie Ihr Leben nur nach dem, was Sie unter Ihren Startbedingungen und mit Ihren Talenten erreicht haben.
Üben Sie sich darin, sich für andere zu freuen, wenn diese Erfolg haben. Zum Beispiel indem Sie jedem neidvollen Gedanken, der auftaucht, einen positiven gegenüberstellen und der glücklichen Person von ganzem Herzen alles Gute wünschen.
Achten Sie Kleinigkeiten, die im Alltag funktionieren – Wunder gibt's nicht nur im Großen!
Bescheidenheit macht Karriere! Eine US-Studie hat gezeigt, dass Berufseinsteiger, die bescheiden auftreten, eher von Firmen in ihrer Karriere unterstützt werden als extrem selbstbewusst wirkende. In einer Welt, in der jeder herausposaunt, wie toll er doch ist, hebt sich ein bescheidener Mensch wohltuend ab. Pflegen Sie Eigenschaften wie Respekt, Toleranz und Anständigkeit und Sie werden immer Menschen finden, die Ihnen gern weiterhelfen.

Wer neidisch ist, ist unzufrieden. Wenn Sie anderen jedoch Glück und Erfolg gönnen, stehen Sie über den Dingen und ruhen in sich.

48

»Wer zufrieden ist, übertrifft den, der großen Reichtum besitzt.« NORWEGISCHE WEISHEIT

49 WO DIE WURZELN SIND

So bleiben Sie auf dem Boden

Ein gesunder Baum hat starke, tief in den Boden reichende Wurzeln, die ihm sicheren Halt geben, damit er gen Himmel wachsen kann. Genauso braucht auch jeder Mensch das Gefühl, fest verwurzelt zu sein: Werden auch Sie sich bewusst, wer Ihnen Halt und Geborgenheit gibt.

Denken Sie darüber nach, was Heimat für Sie bedeutet: Es muss gar nicht der Ort sein, an dem wir aufgewachsen sind oder leben, sondern es sind die Menschen, die uns das Gefühl vermitteln, uns mit allen Ecken und Kanten zu kennen und zu lieben.

Unternehmen und reden Sie viel mit Ihren Freunden und der Familie. Auch wenn der Alltag oft stressig ist – nehmen Sie sich den Raum für diese wichtigen Kontakte. Diese Menschen sind Ihr sicherer Hafen. Egal, ob Sie Karriere machen oder von anderen hofiert werden: Familie und Freunde sorgen immer wieder dafür, dass Sie auf dem Boden bleiben.

Nehmen Sie die Meinungen und Kritik von Familie und Freunden ernst! Diese Normalität schützt vorm Abheben und bietet Ihnen gleichzeitig eine Verbundenheit, die Ihnen genau sagt, wo Sie hingehören.

Genießen Sie das Gefühl, in dieser sicheren Umgebung keine Maske tragen zu müssen und ganz Sie selbst zu sein.

Wenn Sie sich über Ihre Wurzeln im Klaren sind, können Sie bewusst die Geborgenheit genießen und aus dieser emotionalen Heimat reichlich Kraft für neue Herausforderungen schöpfen.

»Wie hoch ein Vogel auch fliegen mag,
seine Nahrung sucht er auf der Erde.« DÄNISCHES SPRICHWORT

50 SCHEIN UND WIRKLICHKEIT

Der erste Eindruck stimmt oft nicht

Die meisten Menschen stecken ihr Gegenüber schon im ersten Moment der Begegnung in eine bestimmte Schublade: »Der ist nett, böse, intelligent, dumm ...« Indem wir auf der Stelle die Bewertungsmaschinerie anwerfen, nehmen wir uns oftmals die Möglichkeit, den anderen so zu sehen, wie er wirklich ist.

Der erste Eindruck entsteht in Millisekunden: sympathisch oder unsympathisch, angenehm oder unangenehm. Für den Beurteilten ist es danach schwer, uns vom Gegenteil zu überzeugen.
Dann setzt meist der Halo-(=Streu)-Effekt ein: Wenn wir einen Menschen beim ersten Treffen als intelligent beurteilen, beeinflusst dieser Eindruck unsere weiteren Eindrücke. Wir schließen automatisch auf mit Intelligenz assoziierte Eigenschaften und werden ihn zum Beispiel eher als ehrgeizig, karrierebewusst, durchsetzungsfähig und kommunikativ einschätzen.
Jede weitere Begegnung wird nun aus diesem Blickwinkel heraus beurteilt, jedes Gespräch unter dem ersten Eindruck interpretiert. Kommen eventuell noch gefilterte Informationen von anderen dazu, können Vorurteile entstehen.
Stoppen Sie den Automatismus, indem Sie sich bewusst werden, wie Sie Ihr Gegenüber beurteilen. Dann stellen Sie Ihren Blickwinkel infrage.
Nehmen Sie immer den Menschen wahr, nicht zum Beispiel den Lehrer oder die Hausfrau.

Entkräften Sie ganz bewusst einen unsympathischen Ersteindruck. Was spricht für diesen Menschen? So üben Sie sich auch in Toleranz.

50

»Beurteile den Hund nicht nach seinen Haaren.« SCHWEDISCHES SPRICHWORT

51 MOMENTE WIE PERLEN

Zu zweit glücklich

Es sind diese kleinen Glücksmomente in der Beziehung – das gemeinsame Lachen, das gemeinschaftliche Lösen eines Problems oder die gegenseitige Hilfe –, die eine Partnerschaft so wertvoll machen. Doch wie schnell kann in der Hektik des Alltags der Zauber verloren gehen!

Tägliche Beziehungspflege: Planen Sie jeden Tag eine feste Zeit ein, die Sie mit Ihrem Partner verbringen, um Spaß zu haben, aber auch um sich über Probleme auszutauschen. So können Sie auch in stressreichen Phasen miteinander in Kontakt bleiben und verlieren sich nicht.
Kleine Aufmerksamkeiten entspannen den Beziehungsalltag sofort. Hier ein Zettelchen, dort ein Anruf oder ein kleines Geschenk verwöhnen den anderen und zeigen: Du bist wertvoll für mich!
Unterstützen Sie sich gegenseitig. Dieser Solidaritätseffekt zeigt deutlich, dass ein Leben zu zweit viel einfacher und schöner sein kann, als alles allein durchzustehen.
Achten Sie darauf, von Zeit zu Zeit Mentor des anderen zu sein und ihn bei Neuem zu unterstützen – und lassen Sie sich umgekehrt auch von ihm bei Ihrer Entwicklung begleiten.
Sagen Sie ehrlich, was Sie fühlen, denken und wünschen (siehe auch sechste und 48. Woche).
Sorgen Sie für einen gesunden Wechsel zwischen Nähe zueinander und Distanz voneinander.

Geben Sie Ihre Selbstständigkeit nicht auf! Es ist wichtig, seinen eigenen Freundeskreis oder seine eigenen Hobbys zu behalten. Das gibt dem Beziehungsalltag neuen Input.

»Die Ehe ist und bleibt die wichtigste Entdeckungsreise, die der Mensch unternehmen kann.«

SÖREN KIRKEGAARD, dänischer Philosoph und Schriftsteller

52 IMMER WIEDER DURCHSTARTEN

Keine Routine aufkommen lassen

Ruhe, Entspannung und Auszeiten sind für unser seelisches Gleichgewicht wichtig. Aber genauso wichtig sind neue Impulse, Veränderungen und Erfahrungen, um gegen Routine und Stillstand im Leben anzugehen. Doch woher nehmen wir die Energie dafür?

Entspannen Sie regelmäßig – denn wer powert, muss sich regenerieren.
Loben und belohnen Sie sich, wenn Sie etwas geschafft haben.
Pflegen Sie Ihre Leidenschaften und räumen Sie täglich Zeit dafür ein.
Setzen Sie in die Tat um, wovon Sie schon lange träumen.
Sehen Sie die Dinge mit Humor und betrachten Sie das Leben von seiner skurrilen Seite.
Treffen Sie sich regelmäßig mit Freunden und unternehmen Sie etwas gemeinsam.
Stellen Sie sich neuen Herausforderungen, ruhig in kleinen Schritten, genießen Sie auch Teilerfolge.
Bewegen Sie sich regelmäßig, sowohl körperlich als auch geistig – probieren Sie sich immer wieder aus, denn bestimmt haben Sie noch nicht alle Ihre Talente entdeckt.

Zum Durchstarten brauchen Sie neben der geistigen Energie natürlich auch körperliche: Schluss mit Schokoriegeln und Fast Food! Achten Sie auf eine gesunde, ausgewogene Ernährung und geben Sie Ihrem Körper die notwendigen Mineralstoffe und Vitamine. So sind Sie besser gerüstet, um aktiv ein abwechslungsreiches Leben führen zu können.

»Ich liebe den Sturm und fürchte die Stille.«

CHRISTINE VON SCHWEDEN, schwedische Königin im 17. Jahrhundert

GEDANKEN, ANREGUNGEN UND ÜBUNGEN für 52 Wochen

EINFÜHRUNG

ENTSPANNUNG

EMPOWERMENT

FOKUSSIEREN

Bücher, die weiterhelfen

Croos-Müller, Claudia/Pannen, Kai: **Kopf hoch – das kleine Überlebensbuch. Soforthilfe bei Stress, Ärger und anderen Durchhängern;** Kösel

Engelbrecht, Constanze: **Lass los, was deinem Glück im Weg steht;** GRÄFE UND UNZER VERLAG

Kabat-Zinn, Jon: **Gesund durch Meditation. Das große Buch der Selbstheilung;** Knaur

Schneider, Maren: **Crashkurs Meditation: Anleitung für Ungeduldige – garantiert ohne Schnickschnack;** GRÄFE UND UNZER VERLAG

Weitere Tischaufsteller bei GU

Franckh, Pierre: **Entfalte deine Wunschkraft**
Schlüter, Christiane: **Der Jakobsweg für zu Hause**
Trökes, Anna: **Yoga-Weisheit**

DVDs, die anregen

Skandinavien von oben (3 DVDs), 220 Minuten; Studio Hamburg (AL!Ve)

Europas Hoher Norden (6 DVDs Box), Sprecher Axel Milberg, 645 Minuten; ARTE EDITION/dm film

Wildes Skandinavien (2 DVDs), 400 Minuten; Studio Hamburg (AL!VE)

Internetadresse

Weitere Informationen zum Thema Klarheit des Nordens finden Sie auf der Website der Autoren unter **www.medienbuero-LT.de**

Über die Autoren

Michael Thiel ist seit 1988 niedergelassener Diplom-Psychologe mit den Schwerpunkten Paar- und Familientherapie sowie dem Coaching von Persönlichkeiten aus Wirtschaft und Showbiz. Außerdem ist er als Moderator und Experte für TV, Rundfunk und Printmedien tätig.

Annika Lohstroh ist Produzentin, Regisseurin, Buchautorin, Journalistin und Psychologin mit langjähriger Medienerfahrung im Film-, Print-, TV- und Werbebereich, aber auch erfolgreich im Bereich Künstler- und Mediencoaching. Als Fotografin ist sie vom Licht des Nordens immer wieder begeistert.

Seit fast 10 Jahren fahren die beiden Autoren in jedem Jahr für mehrere Monate nach Norwegen. Genauer gesagt in eine weiße Fischerhütte mit Grasdach direkt am Meer auf Flakstadøya, einer Insel der Lofoten. An diesem Ort, nördlich des Polarkreises auf der Höhe Grönlands gelegen, geht es für beide dann nur noch ums Sehen, Hören, Denken und Schreiben. Weit weg vom Mediengetümmel genießen sie es, ihre Sinne im wahrsten Sinne des Wortes wieder einzunorden.

Bildnachweis:

F1 online: 8, 13, 20, 34; Getty: 28, 41, 47; Lohstroh & Thiel: 2, 51; Look: 7, 39; Mauritius: 3, 5, 21, 22; Plainpicture: 1, 4, 6, 9, 10, 11, 12, 14-19, 23-27, 29-33, 35-38, 40, 42-46, 48-50, 52

Wichtiger Hinweis

Die Gedanken und Anregungen in diesem Tischaufsteller stellen die Meinung bzw. die Erfahrung der Verfasser dar. Weder Autoren noch Verlag können für eventuelle Schäden, die aus den im Text gegebenen Hinweisen resultieren, eine Haftung übernehmen.

Impressum

Projektleitung: Reinhard Brendli
Lektorat: Angela Hermann-Heene
Bildredaktion: Henrike Schechter
Layout und Illustrationen:
independent Medien-Design, Horst Moser
Herstellung: Susanne Mühldorfer
Satz: Ludger Vorfeld
Lithos: Longo AG, Bozen

Printed in China

ISBN 978-3-8338-2834-8

1. Auflage 2013

www.facebook.com/gu.verlag

GRÄFE UND UNZER

Ein Unternehmen der
GANSKE VERLAGSGRUPPE

Weiterlesen tut gut.

ISBN 978-3-8338-3303-8

ISBN 978-3-8338-2375-6

ISBN 978-3-8338-2704-4

ISBN 978-3-8338-3317-5

ISBN 978-3-8338-2837-9

G|U

Mehr von GU auf **www.gu.de** und **facebook.com/gu.verlag**

Willkommen im Leben.